汉字演变五百例

HANZI YANBIAN WUBAI LI

续编

（第2版）

李乐毅 著

北京语言大学出版社
BEIJING LANGUAGE AND CULTURE
UNIVERSITY PRESS

图书在版编目（ＣＩＰ）数据

　汉字演变五百例：续篇／李乐毅著．－－２版．－－
北京：北京语言大学出版社，2015.1（2022.10重印）
　ISBN 978-7-5619-4121-8

　Ⅰ．①汉… Ⅱ．①李… Ⅲ．①汉字-演变　Ⅳ．
①H12

　中国版本图书馆CIP数据核字(2015)第018095号

书　　名：汉字演变五百例　续编
　　　　　HANZI YANBIAN WUBAI LI XUBIAN
责任印制：周　燚

出版发行：北京语言大学出版社
社　　址：北京市海淀区学院路15号　邮政编码：100083
网　　址：www.blcup.com
电　　话：发行部　010-82303650/3591/3651
　　　　　编辑部　010-82303647/3592
　　　　　读者服务部　010-82303653
　　　　　网上订购电话　010-82303908
　　　　　客户服务信箱　service@blcup.com
印　　刷：天津嘉恒印务有限公司
经　　销：全国新华书店

版　　次：2015年1月第2版　2022年10月第9次印刷
开　　本：889毫米×1194毫米　1/24　印张：22.25
字　　数：295千字
书　　号：ISBN 978-7-5619-4121-8/H·13383
定　　价：45.00元

PRINTED IN CHINA

目　　录

前　言

　　汉字是世界上最悠久的文字之一。它已经有五六千年的发展过程，现在有约占全球四分之一的人在使用着它。汉字在中国源远流长的文化史上作出了巨大的贡献。优美的汉字书法是中华民族文化艺术宝库中的一个组成部分。

　　几千年来，汉字的形体经过了多次的演变，主要字体有下面几种：

　　一、**甲骨文**。这是商朝刻在龟甲和兽骨上的文字。由于它是以记录占卜之事为主的，所以又被称为"卜辞"、"契文"；又因为最早是在殷墟(商朝后期的都城遗址，在今河南安阳小屯村)发现的，又叫"殷墟文字"。已收集到的甲骨文单字约有 4000 多个，其中 1000 多字可以释读。这种文字已较完备，但是有许多字的笔画和偏旁尚未完全定型。周朝早期也有少量甲骨文出土。

　　二、**金文**。这是商、周时期刻铸在青铜器上的文字，又叫"钟鼎文"。这种文字前期字体与甲骨文相近，有的还保留了早期图画文字的痕迹；后期与小篆相近。已收集到的金文单字有近 4000 个，其中 2000 多字可以释读。金文的形体结构比较成熟，周朝的金文铭辞有的一篇长达 500 字。

　　三、**小篆**。这是秦朝通行的文字，又称"秦篆"。战国时期，中国各地文字异形；秦始皇统一中国之后，对文字加以整理和简化，在"大篆"(又称"籀文"，春秋战国间通行于秦国)的基础上，规定了一种标准字体，这就是"小篆"。秦朝的这一统一全国文字的重要措施，对汉字的规范化起了很大的作用。

　　四、**隶书**。这是汉朝通用的文字。始于秦末，沿至三国。又称"汉隶"、"佐书"、"八分"等。早期的隶书保留了一些小篆的形迹；后来波磔的笔法增多,这成为隶书字体的一个显著的特点。隶书的出现,为后来的楷书奠定了基础,标志着汉字发展史上的一个重要的转折点,那就是由古文字阶段进入了今文字阶段。

五、**楷书**。这是汉朝末年开始出现,一直通行到今天的一种字体。由于它的形体端正,笔画平直,足为楷模,所以被称为"楷书",又叫"正书"、"真书"。历代许多书法家都是以楷书闻名于世的。

六、**草书**。草书出现的时代其实比楷书还早,大约始于汉朝初期。早期的草书是书写隶书时的快捷变体,称为"草隶",后来又叫"章草"。汉末以后,脱去章草中保留的隶书笔画的痕迹,形成一种笔势连绵回绕、偏旁相互假借的"今草"。唐朝时还出现了一种笔画更加放纵、难以辨认的"狂草"。现在一般所谓的草书指的是"今草"。

七、**行书**。这是一种介于楷书和草书之间的字体,三国和晋朝以来流行。这种字体写起来比楷书便捷,又比草书易于辨认,所以很受群众喜爱。行书中楷法多于草法的叫"行楷",草法多于楷法的叫"行草",但是很难有一个截然分开的界限。

此外,自有汉字以来,就出现了许许多多的简体字,它们被称为"俗字"、"手头字"等,这是为了文字应用的方便而产生的。在汉字的发展过程中,文字既有繁化的现象又有简化的现象,但是总的趋势是简化。汉字的简体字古已有之;只是到了20世纪50年代,我国才把历代民间流行的简体字通过研究整理后逐批公布,这就是现行的**"简化字"**。

为了使具有一般文化水平的读者了解汉字发展演变情况,从而加深对中国传统文化的认识,特编写了这本书。本书有以下几个特点:

(一) 这是一本普及性的汉字知识读物,是拙著《汉字演变500例》(以下简称"原书")的续编。内容是通过列举汉字几种主要字体中的一些字例,并对这些字例的字源作图解和浅释,力求简明形象地体现汉字发展演变的历史过程。

(二) 本书选取原书未选入的常用汉字500字(加上释文中提

到的通用字、假借字等共为 660 多字),每字依次列举甲骨文、金文、小篆、隶书、楷书、草书和行书等七种字体(其中有的已简化,另加简化字楷书,共八种字体)。金文的少数字用籀文或战国文字等字体代替。

(三) 汉字的各种字体一般都有多种不同的写法。本书只选摹其中比较典型或比较常见的一种为例。为避免繁琐,字例不一一注明出处。

(四) 本书对字源的解释,多以文字学家有公认的定论为准;也有采用或参考某一家之言的;还有作者自己的一得之见。由于本书性质和篇幅所限,释文都不加以论证,也恕不注明观点来源。

(五) 对一些古今义变化较大的字,本书在解释古义时,尽可能地引用了一些较早的文物或古籍上的词句,作为佐证。

(六) 本书正文按汉语拼音字母顺序排列(多音字以最常见的读音为准),正文前有音序索引和笔画索引,以备检索。

新旧字形对照表

(字形后圆圈内的数字表示字形的笔数)

旧字形	新字形	新字举例	旧字形	新字形	新字举例
⺿④	⺿③	花草	直⑧	直⑧	值植
辶④	辶③	连速	黾⑧	黾⑧	绳鼋
开⑥	开④	型形	咼⑨	咼⑧	過蝸
丰④	丰④	艳沣	垂⑨	垂⑧	睡郵
巨⑤	巨④	苣渠	食⑨	食⑧	飲飽
屯④	屯④	纯顿	郎⑨	郎⑧	廊螂
瓦⑤	瓦④	瓶瓷	彔⑧	录⑧	渌篆
反④	反④	板饭	昷⑩	昷⑨	温瘟
丑④	丑④	纽杻	骨⑩	骨⑨	滑骼
犮⑤	发⑤	拔芨	鬼⑩	鬼⑨	槐嵬
印⑥	印⑤	茚	俞⑨	俞⑨	偷渝
耒⑥	耒⑥	耕耘	旣⑪	既⑨	溉厩
吕⑦	吕⑥	侣营	蚤⑩	蚤⑨	搔骚
竹⑦	竹⑥	修倏	敖⑪	敖⑩	傲遨
爭⑧	争⑥	净静	莽⑫	莽⑩	漭蟒
产⑥	产⑥	彦产	眞⑩	真⑩	慎填
羊⑦	羊⑥	差养	备⑩	备⑩	摇遥
幷⑧	并⑥	屏拼	殺⑪	殺⑩	摋鎩
吴⑦	吴⑦	蜈虞	黃⑫	黄⑪	廣横
角⑦	角⑦	解确	虛⑫	虚⑪	墟歔
奂⑨	奂⑦	换痪	異⑫	異⑪	冀戴
肖⑧	肖⑦	敝弊	象⑫	象⑪	像橡
耳⑧	耳⑦	敢严	奧⑬	奥⑫	澳襖
者⑨	者⑧	都著	普⑬	普⑫	谱镨

音 序 索 引

(圆括号里是繁体字,方括号里是通假字等。)

・ 8 ・

· 14 ·

· 15 ·

笔 画 索 引

(按笔画多少和起笔笔形"一 丨 丿 、 乛"的次序排列;用黑体排的是基本字,其他的是附录的通假字等。)

纤(纖)	441	私	336	宋	343
纤(縴)	273	攸	437	宏	129
纪(紀)	152	佃	68	良	213

七笔

八笔

[一]寿(壽) 46,320

伸	396	社	303		
低	65	识(識)	483		
伴	9	[一]灵	223		
囟	52	层(層)	469		
彻(徹)	41	局	185		

扶	99	役	429		
走	497	余	442		
均	191	坐	500	[一]奉	96
志	483	豸	482	环(環)	135
块(塊)	203	含	172	青	279
声(聲)	306	甸	68	表	24
报(報)	12	免	244	拣(揀)	161
芽	408	狂	204	者	478
花	133	犹(猶)	439	苗	246
杖	472	肜	361	苞	10
极	149	卵	228	枝	480
两(兩)	216	灸	181	杳	419
欤(歟)	446	[、]床(牀)	54	枚	238
[丨]县(縣)	386	库(庫)	202	卧	372
吷	91	应(應)	435	刺	56
旷(曠)	121	庐(廬)	224	枣(棗)	462
[丨]卤(鹵)	225	闲(閑 閒)	382	奔	15
里₁	210	间(間)	162	奋(奮)	93
里₂(裏 裡)	211	弟	67	幸	399
困	206	汰	352	妻	268
别	25	沙	297	顷(頃)	280
咒	341	怀(懷)	134	转(轉)	493
[丿]牡	252	灶(竈)	466	轭(軛)	78
乱(亂)	229				
秀	401				

到	63	咎	183	贯(貫)	120
[丨]非	90	备(備)	14		
叔	322,69	炙	484	九笔	
肯	197	枭(梟)	391	[一]契	272
卓	495	[丶]夜	420	持	338
贤(賢)	383	府	101	封	95
尚	300	底	65	城	43
杲	108	於	373	某	251
昆	205	氓	248	甚	305
畅(暢)	39	浅(淺)	275	荆	177
岸	3	法	84	革	109
岩(巖)	411	河	124	荐(薦)	164
图(圖)	363	怜(憐)	212	草	32
[丿]制	481	炉(爐 鑪)	224	荣(榮)	286
垂	55	学(學)	406	荧(熒)	288
季	155	定	70	故	113
委	370	审(審)	304	树(樹)	327
臾	444	官	117	柢	65
侧(側)	33	实(實)	311	柬	161
佩	261	郎	213	威	368
依	423	肩	159	厘(釐)	208
帛	29	视(視)	315	厚	130
卑	29	诤(諍)	479	面(麵 麪)	245
阜	104	[一]建	163	耐	253
所	349	肃(肅)	347	牵(牽)	273
舍(捨)	302	弦	404	残(殘)	31
金	173	孟	242	显(顯)	384
乳	291	亟	149	皆	170
肤(膚)	97	限	385	[丨]骨	112
肢	480	妹	239	虐	259
肱	110	经(經)	175	临(臨)	218

哀 āi

同多数"衣字旁"的字不同，"哀"字里的"衣"没有实在意义，而只是表音的符号而已。本义是"怜悯"，如《诗经》："哀此鳏寡。"引申为"悲伤"，如《楚辞》："哀群芳之芜秽。"

甲骨文	金文	小篆	隶书	楷书	草书	行书	简化字
（缺）	哀	哀	哀	哀	哀	哀	（同楷书）

1

爱（愛）ài

原作"㤅"。字形像一个人双手捧"心"（参见《汉字演变500例》"心"字条），张大了嘴，在诉说心中的爱情。《说文》："㤅，惠也。"《玉篇》："㤅，今作爱。"《左传》："父慈子孝，兄爱弟敬。"

岸 àn

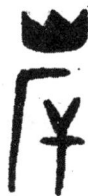

"岸"字最初作"厂"。"厂"是山崖，又是水涯。后来加声符"干"作"厈"。最后又加义符"山"作岸。《字汇》："厈，水厈（涯）高也。俗作岸。"本义是"靠水边的高地"。《诗经》："淇则有岸。"

（缺）

古玺文

小篆

隶书

楷书

草书

行书

简化字

（同楷书）

3

罢（罷）bà

〔附〕罴（羆）pí

"罢"是"罴"的本字。字的上部是"网"；下部是"能"，就是熊（参见"能"字条）。罴是熊的一种，俗称"人熊"或"马熊"，胆可入药，所以常遭猎捕。"罢"字后来多用于"罢免"、"停止"等义。

（缺）

甲骨文	说文『古文』	小篆	隶书	楷书	草书	行书	简化字

4

百 bǎi

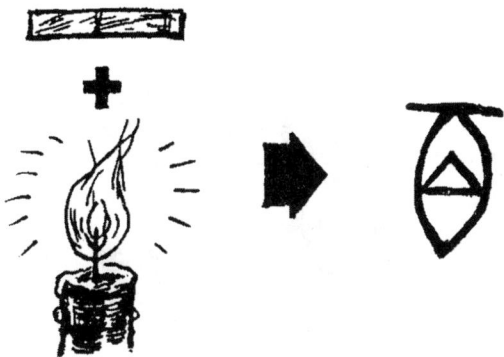

　　"百"字从甲骨文以来就用作数词。因为读音与"白"相近，所以在"白"字上方加一横画，造成"百"字。在古汉语中也表示数目多，如"百废具兴"、"百家争鸣"等。

金文

小篆

隶书

楷书

草书

行书

简化字

（同楷书）

5

拜 bài

这是表示敬意的一种礼节。最初的字形应该是两手相向合并施礼的样子,因为有些古文字就是这样写的,不像小篆以后那样左右两旁在笔画上有所不同。

6

班 bān，

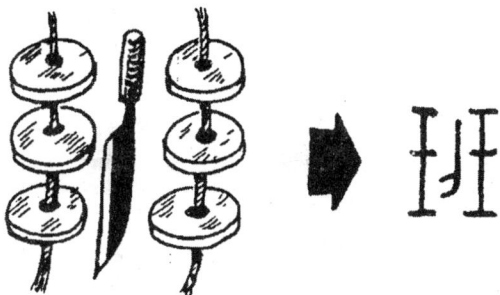

本义是"分玉"。金文的字形，像用一把刀在切分两串玉。《尚书》中"班瑞（瑞玉）于群后"，用的就是本义。引申为"分开"、"颁布"、"序列"等义。

（缺）	甲骨文
班	金文
班	小篆
班	隶书
班	楷书
班	草书
班	行书
（同楷书）	简化字

半 bàn

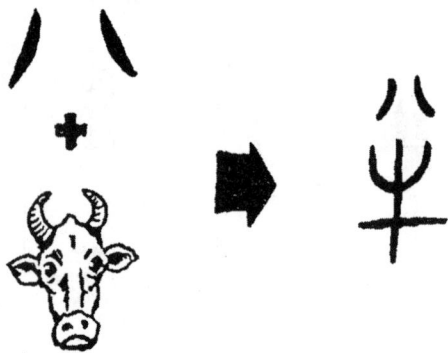

字的上部原是"八"，意思是"分"，下部原是"牛"；合起来表示把一头牛从中间分开，也就是"一半"。引申为"在……中间"，如"半夜"、"半路"等义。

甲骨文（缺）

金文 Ꙩ Ꙩ

小篆 半

隶书 半

楷书 半

草书

行书 半

简化字（同楷书）

8

伴 bàn

甲骨文"伴"字是两个人("大")并肩游玩的样子。后来变为两"夫"。《说文》:"㚘,并行也。……读若伴侣之伴。"小篆又有"伴"字,本义为"胖"。《楚辞》用作"伴侣"义。

甲骨文

金文

小篆

隶书

楷书

草书

行书

简化字

㚘
(缺)

㚘
伴
伴
伴

(同楷书)

9

包 bāo

〔附〕胞 bāo 苞 bāo

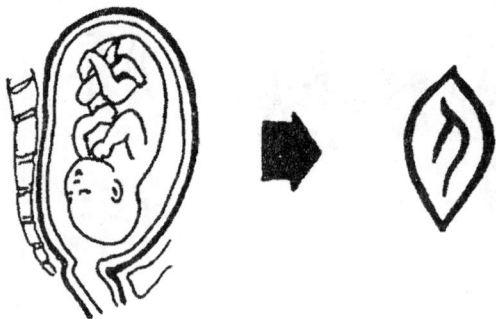

　　"包"是"胞"的本字。《说文》："包,象人怀妊。"《玉篇》："包,今作胞。"后来"包"字多用于"包裹"、"包含"、"包容"等义,于是造"胞"字以表本义。用于草木则另造"苞"字。

（同楷书）

10

暴 bào

〔附〕曝 pù

　　"暴"是"曝"的本字。始见于春秋战国时期的"中山王鼎"。小篆的字形是一双手持农具在阳光下晒米。本义为"晒"。《周礼》:"凡染,春暴练(白绢)。"

（缺）

	甲骨文
	金文
	小篆
	隶书
	楷书
	草书
	行书
（同楷书）	简化字

报（報）bào

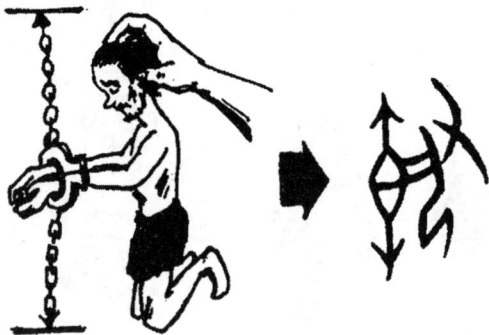

　　本义是"判罪"。甲骨文的字形像一只大手抓住一个囚徒,给他戴上手梏(参见"幸"、"执"等条)的样子。如《韩非子》"闻死刑之报",用的就是本义。

甲骨文
金文
小篆
隶书
楷书
草书
行书
简化字

卑 bēi

本义是"身份低下"。《说文》："卑,贱也,执事也。"甲骨文和金文的字形像奴仆的一只手拿着大扇子服侍主人的样子。引申为"低劣"、"谦恭"等义。

甲骨文

金文

小篆

隶书

楷书

草书

行书

简化字

（同楷书）

13

备（備）bèi

"备"是"箙"（又作"葡"）的本字。本义是"盛箭的器具"。甲骨文的字形是在容器里有一两枝箭（代表许多箭）。金文开始加"人"旁。因为武器充足，又有"齐备"义。

甲骨文
金文
小篆
隶书
楷书
草书
行书
简化字

奔 bēn

字的上部是一个人在奋臂奔跑的样子;下部是三只脚("止",即"趾"),强调速度之快。本义是"急跑"。《诗经》:"骏奔马在庙。"引申为"逃亡"等义。

（缺）

甲骨文

金文

小篆

隶书

楷书

草书

行书

简化字

（同楷书）

15

本 běn

本义是"树木的根"。甲骨文未见。金文的字形是一棵树的根部有一个点儿，指明这是根部所在。后来引申为"草木的茎、干"和"事物的基础或主体"等义。

（同楷书）

| 甲骨文 |
| 金文 |
| 小篆 |
| 隶书 |
| 楷书 |
| 草书 |
| 行书 |
| 简化字 |

匕 bǐ

〔附〕妣 bǐ

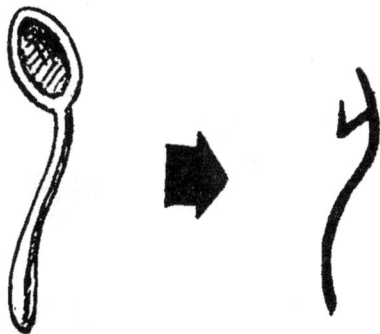

一种取食的工具,形状似勺,后代的羹匙由它演变而来。《说文》:"匕,亦所以取饭,一名柶。"甲骨文和金文常用作"妣"字;又用作雌性动物的符号。

甲骨文	⺆
金文	⺄
小篆	⺆
隶书	匕
楷书	匕
草书	⺄
行书	匕
简化字	(同楷书)

17

闭（閉）bì

　　甲骨文未见。金文"闭"字像两扇门中间插上了门闩,表示"关门"。小篆以后"十"字形讹变为"才",就不可解了。《易经》:"先王以至日闭关,商旅不行。"

（缺）

	甲骨文
	金文
	小篆
	隶书
	楷书
	草书
	行书
	简化字

辟₁ bì，pì

〔附〕避 bì 壁 bì 璧 bì 譬 pì

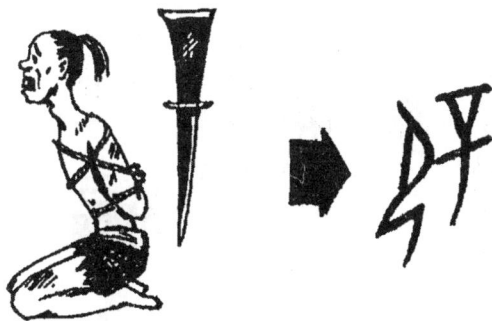

本义是"法"。甲骨文的字形是用刑刀（参见《汉字演变 500 例》"辛"字条）对犯法者施刑的情景。《汉书》："于是作《吕刑》之辟。"古汉语中"辟"字用途很广；又通"避"、"壁"、"璧"、"譬"等。另见"辟₂"。

另见"辟₂"。

甲骨文

金文

小篆

隶书

楷书

草书

行书

简化字

（同楷书）

19

编（編）biān

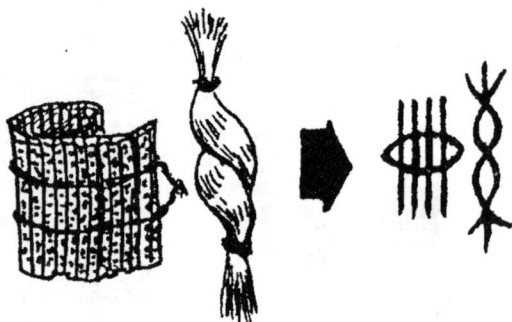

最早的字形从系从册，表示用绳子把竹简串编成册（参见《汉字演变500例》"册"字条）。本义是"缀联竹简的绳子"，如《汉书》"韦编三绝"。也指"顺次排列"，如"编年"、"编号"等。

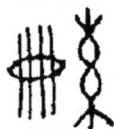 甲骨文

（缺） 金文

 小篆

 隶书

 楷书

 草书

 行书

 简化字

扁 biǎn

〔附〕匾 biǎn

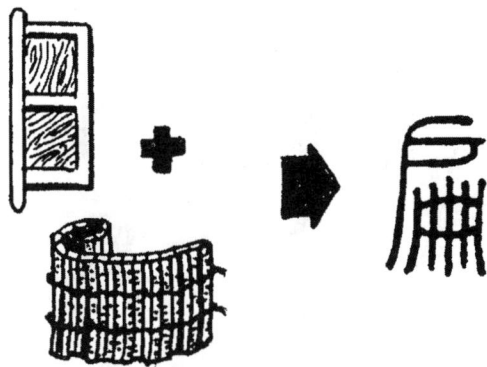

本义是"在门户上题字"。《说文》："扁，署也。从户、册。户册者，署门户之文也。"《后汉书》："皆扁表其门，以兴善行。"后写作"匾"。现代汉语有"匾额"、"牌匾"等词语。

（缺）

甲骨文	金文	小篆	隶书	楷书	草书	行书	简化字

（同楷书）

弁 biàn

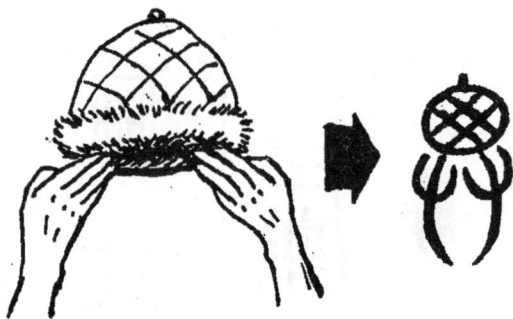

　　本义是"帽子"。较早的字形见于甲骨文和《说文》所引的"籀(zhòu)文"，像一双手扶着帽子的样子。古代有"爵弁"（文官帽）、"皮弁"（武官帽）等。武官也因此被称为"武弁"。

 甲骨文

 籀文

小篆

隶书

 楷书

 草书

 行书

（同楷书） 简化字

彪 biāo

本义是"虎身上的斑纹"。金文的字形像一只老虎,它背脊旁边有几道斜画,表示斑纹的光彩。《说文》:"彪,虎文(纹)也。从虎。彡象其文(纹)也。"

甲骨文

（缺）

金文

小篆

隶书

楷书

草书

行书

简化字

（同楷书）

23

表 biǎo

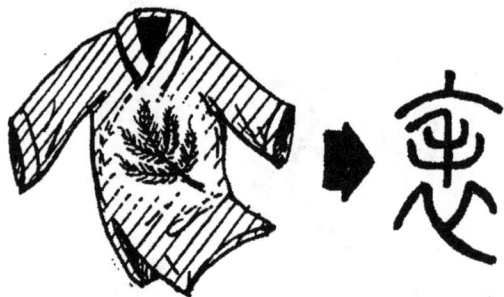

本义是"穿在外面的上衣"。小篆的字形，外面是"衣"，中间是"毛"。在发明纺麻织布之前，古人用兽皮制衣，所以字从"衣"、"毛"。引申为"外面"、"外表"等义。

金文 小篆 隶书 楷书 草书 行书 简化字

（同楷书）

24

别 bié

〔附〕彆 biè

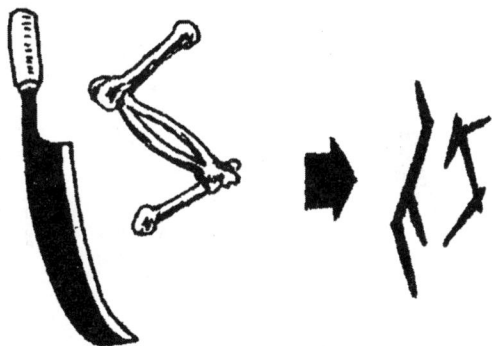

本义是"分剖"。甲骨文的字形，一边是"刀"；一边是"冎"，即骨头。《说文》："刖，分解也。"段玉裁注："分别、离别皆是也。"《淮南子》："宰庖之切割分别也。"简化字"别"字还兼代"彆"。

甲骨文

秦简文

小篆

隶书

楷书

草书

行书

简化字

（同楷书）

冰 bīng

〔附〕凝 níng

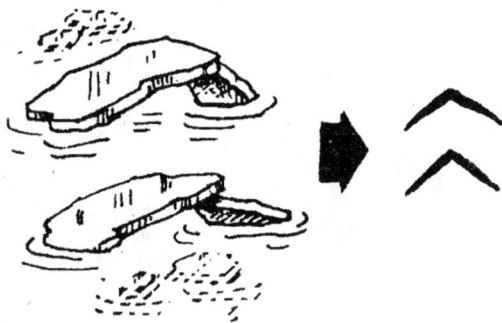

水上的浮冰在互相撞击的时候，往往形成倒 V 字形。甲骨文就用两块这种形状的冰造成"冰"字。金文以后加水旁。古通"凝"。《说文》："凝，俗冰从疑。"

甲骨文

金文

小篆

隶书

楷书

草书

行书

简化字

（同楷书）

26

病 bìng

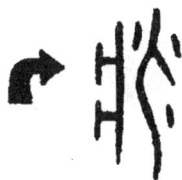

原作"疒"。《广韵》:"疒,病也。"甲骨文的字形像一个人躺在床上出汗的样子(人和床都竖着写)。后来加"丙"旁以表声。古代称轻病为"疾",重病为"病"。"疒"又音 nè。

甲骨文字形

(同楷书)

27

剥（剝）bō, bāo

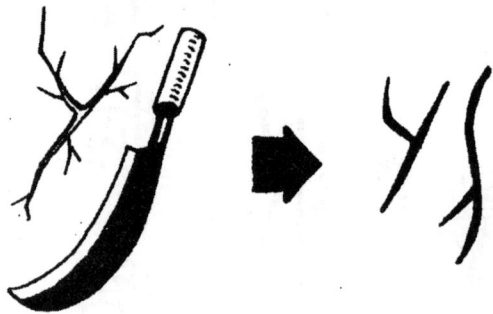

字原从"刀"、从"卜"。"刀"表义；"卜"既表义（表示裂痕）又表声。后来变为从"刀"、"彔"声。本义是"割裂"。《左传》："君王命剥圭以为鏚柲。"引申为"削"、"去皮"、"脱落"、"掠夺"等义。

甲骨文

说文『或体』

小篆

隶书

楷书

草书

行书

简化字

帛 bó

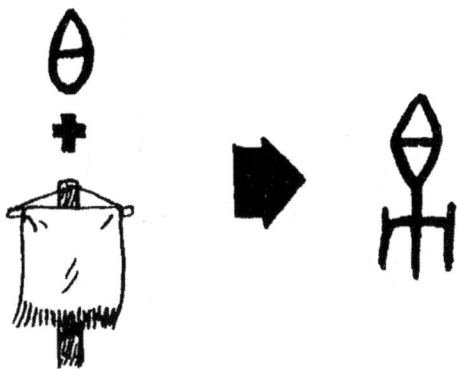

　　本义是"白缯"。字由"白"、"巾"构成。"巾"表义；"白"既表义又表声。后作为丝织物的总称。《左传》："卫文公大布之衣，大帛之冠。"《急就章》："绨络缣练素帛蝉。"注："帛，总言诸缯也。"

帛	甲骨文
帛	金文
帛	小篆
帛	隶书
帛	楷书
帛	草书
帛	行书
（同楷书）	简化字

29

布 bù

〔附〕佈 bù

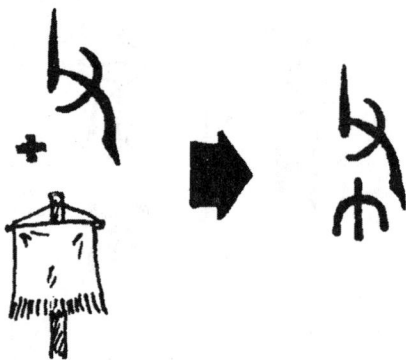

　　楷书只有五画的"布"字,其实是个形声字:在金文中,它是由"巾"(表义)和"父"(表音)构成的。这种结构后来很难看出来。最早的布指麻布和葛布。"布"字现亦代"佈"。

甲骨文	金文	小篆	隶书	楷书	草书	行书	简化字

（缺）

（同楷书）

30

残（殘）cán

〔附〕戋（戔）jiān

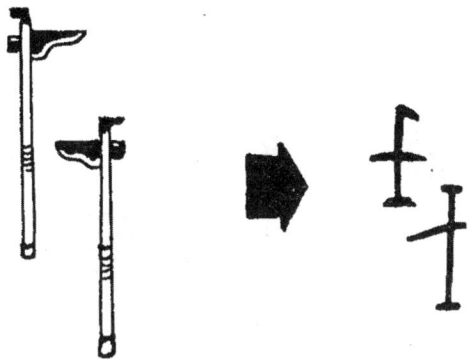

　　"残"本字作"戋"（戔），像两把"戈"（古代武器，参见《汉字演变500例》"戈"字条）相对的样子。本义是"伤害"。后加"歹"（参见《汉字演变500例》"歹"字条）为义符，意思更加明显。引申为"杀害"、"毁灭"、"凶恶"、"残缺"等义。

甲骨文

战国文字

小篆

隶书

楷书

草书

行书

简化字

草 cǎo

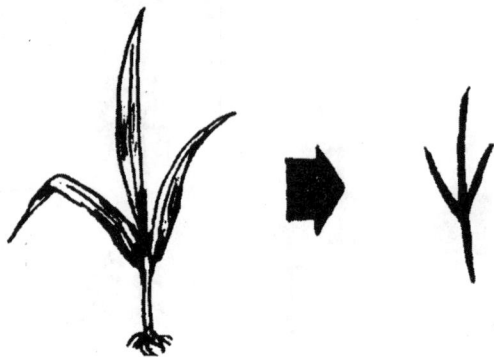

甲骨文的字形显然是一棵草（"屮"，又音 chè）。后来逐渐变成了两棵并排的草（"艸"）。再后又加上了"早"旁以表音。楷书的"草字头"原来是四画（"艹"）；现在的规范字是三画（"艹"）。

（同楷书）

甲骨文　金文　小篆　隶书　楷书　草书　行书　简化字

侧（側）cè

（缺）

如果从小篆以后的字体看，"侧"字从"人"、"则"声，似乎可成定论。但是，金文却显示字的中间是一个大鼎，两侧有两个人，正是"旁边"的意思。后来"鼎"变成"贝"，右侧"人"成了"刀"。

甲骨文	
金文	
小篆	
隶书	
楷书	
草书	
行书	
简化字	

33

差 chā,chà,chāi,cī

〔附〕搓 cuō 磋 cuō

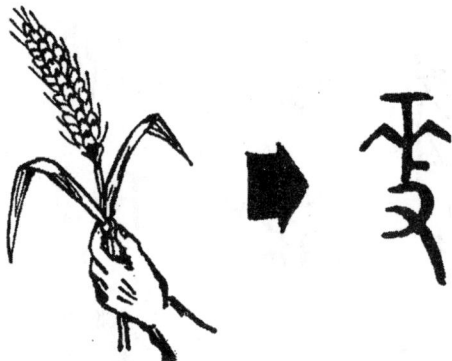

金文"差"字的上部是一棵麦子，下面是手（"又"）。本义是"搓麦"或"磋磨"。《广雅》："差，磨也。"后来"又"讹变为"左"或"右"，就不好解了。楷书旧字体10画（差），现为9画（差）。

甲骨文 （缺）

金文

小篆

隶书

楷书

草书

行书

简化字 （同楷书）

孱 chán

本义是"懦弱"。金文的字形是一个大人身下有三个受惊而倾斜的孩子，十分形象生动。《史记》中"吾王，孱王也"，用的是本义。引申为"低劣"、"谨小慎微"等。

甲骨文
金文
小篆
隶书
楷书
草书
行书
简化字

（缺）

孱
孱
孱
孱
孱

（同楷书）

35

产（産）chǎn

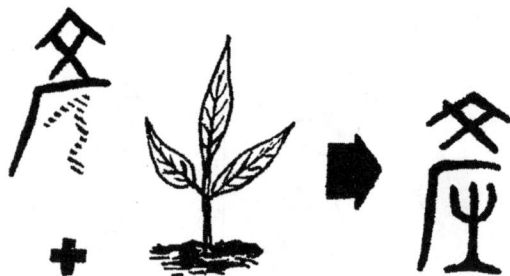

《说文》："产，生也。从生，彦省声。"字由"生"（表义，参见《汉字演变500例》"生"字条）和"彦"（表声，字形有所省简。参见"彦"字条）构成。本义是"产子"。引申为"出生"、"出产"、"产品"、"产业"、"财产"等义。

甲骨文	金文	小篆	隶书	楷书	草书	行书	简化字
（缺）	產	產	產	產	產	産	产

常 cháng

〔附〕裳 shang, cháng

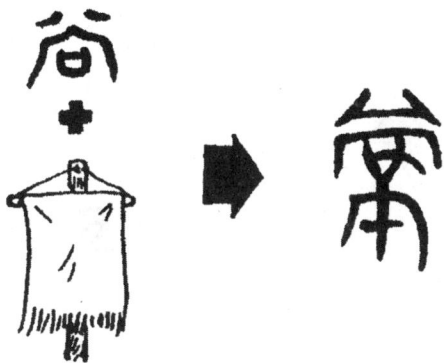

　　"常"是"裳"的本字,本义是"穿在下身的衣服";也泛指衣服。"常"字由"尚"(表声)、"巾"(表义)构成。"裳"是"常"的一种"或体"。后来"常"借为"恒久"、"经常"、"普通"等义,两字才有了分工。

甲骨文 （缺）

战国文字

小篆 常

隶书 常

楷书 常

草书 考

行书 常

简化字 （同楷书）

37

昶 chǎng

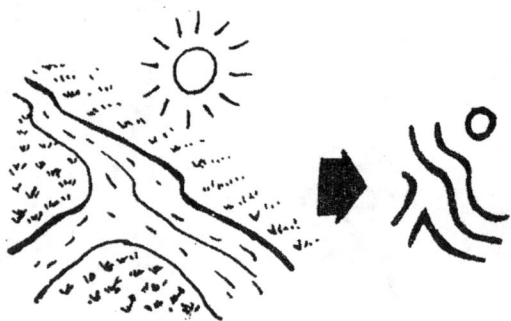

本义是"白天时间长"。《玉篇》："昶，明久。"《说文新附》："昶，日长也。"金文"昶"字由"日"、"永"构成。"日"表示时间，"永"表示长久（参见《汉字演变 500 例》"永"字条），是一个会意字。

（缺）

（同楷书）

甲骨文

金文

小篆

隶书

楷书

草书

行书

简化字

38

鬯 chàng

〔附〕畅（暢）chàng

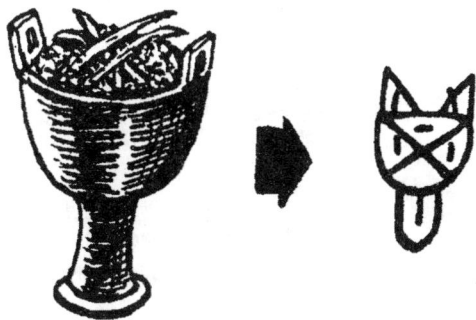

　　本义是"祭祀或宴饮用的香酒"。这种酒（用容器表示）是用郁金草（用交叉形表示）和黑黍（用小点表示）酿成的。又通"畅"字，如《汉书》"草木鬯茂"，义为旺盛。

（同楷书）

巢 cháo

本义是"树上的鸟窝"。《说文》："鸟在木上曰巢，在穴曰窠。"金文"巢"字的上部是鸟窝形，下部是树形；小篆在鸟窝上面突出了三只雏鸟形，更加形象。

（缺）

（同楷书）

| 甲骨文 |
| 金文 |
| 小篆 |
| 隶书 |
| 楷书 |
| 草书 |
| 行书 |
| 简化字 |

彻（徹）chè

〔附〕撤 chè 澈 chè

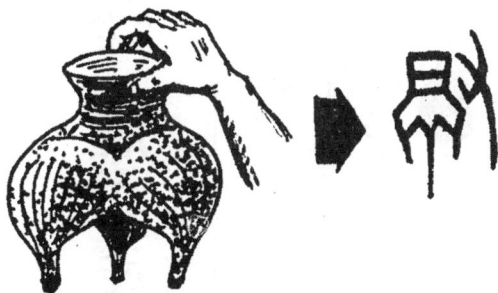

甲骨文的字形，一边是手，一边是食具(参见《汉字演变500例》"鬲"字条)，表示"吃完把食具撤去"。《左传》："诸侯相见，军卫不彻，警也。"古书通"撤"、"澈"。简化字作"彻"。

甲骨文

金文

小篆

隶书

楷书

草书

行书

简化字

41

尘（塵）chén

现在能看见的最早字例，见于《说文》所引的"籀"（zhòu）文"，字形是三只鹿加两堆土，表示群鹿奔跑时扬起的尘土。隶书省为一鹿一土；简化字变为"小"、"土"。

甲骨文

籀文

小篆

隶书

楷书

草书

行书

简化字

42

城 chéng

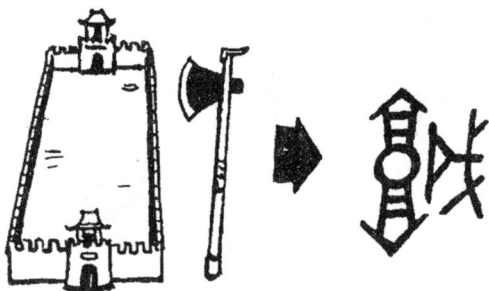

金文"城"字的左旁多作"庸"(即"墉",参见《汉字演变500例》"庸"字条),也有作"土"的;右旁是"成"(声旁,参见《汉字演变500例》"成"字条),或简作"戌"。本义是"都邑"四周用作防守的墙垣,内称"城",外称"郭"。

(缺)

(同楷书)

43

尺 chǐ

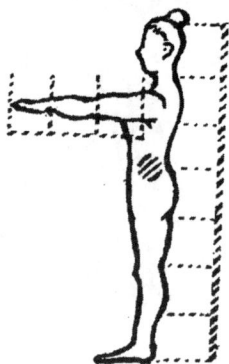

古人常用人体的部位作为各种长度的标准，如：由手掌边缘到可以摸到脉搏处为"寸"；由"寸"到曲肘部分的长度为"尺"。"尺"字由"尸"（人）加上指事符号（一点或一画）构成。

甲骨文	（缺）
金文	ク
小篆	尺
隶书	尺
楷书	尺
草书	ゼ
行书	尺
简化字	（同楷书）

44

崇 chóng

〔附〕嵩 sōng 崧 sōng

本义是"山大而高"。《说文》："崇,嵬高也。从山,宗声。"引申为一般事物的"高"。如《诗经》："其崇如墉。""嵩"、"崧"是"崇"字的异体。后来"嵩"专指中岳嵩山。

（缺）

（同楷书）

甲骨文

三体石经

小篆

隶书

楷书

草书

行书

简化字

45

畴（疇）chóu

〔附〕寿(壽)shòu 俦(儔)chóu

本义是"已经耕作的田地"。甲骨文的字形像一道犁过的田沟，两旁还有牛的蹄印。《孟子》："易其田畴，薄其税敛。"作"种类"、"同类"义时也作"俦"。也有借用这个字的古文字形为"寿"字的。

雠（讐）chóu

〔附〕仇 chóu

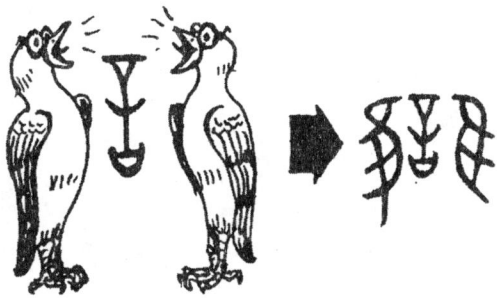

　　两只鸟(参见《汉字演变 500 例》"隹"字条)相对而语(参见《汉字演变 500 例》"言"字条)。本义是"对答"。《诗经》："无言不雠，无德不报。"引申为"相等"、"报复"、"酬偿"、"校勘"等义。有时又通"仇"字。

（缺）

金文

小篆

隶书

楷书

草书

行书

简化字

47

丑（醜）chǒu

　　"丑"字甲骨文和金文的字形都像一只鸟的爪子。古汉语"爪"也指人的指甲或趾甲，所以《说文》说"丑"字"象手之形"也可通。后多用作地支第二位。简化字把"醜"合并为"丑"。

甲骨文

金文

小篆

隶书

楷书

草书

行书

简化字

（同楷书）

48

臭 chòu，xiù

〔附〕嗅 xiù

本义是"用鼻子辨别气味"，后作"嗅"。又是"气味的总称"（读 xiù）；特指"难闻的气味"（读 chòu）。狗的鼻子是最灵敏的，所以用"自"（鼻）和"犬"（狗）来表示。参见《汉字演变500 例》"自"、"犬"条。

甲骨文	（缺）
金文	臭
小篆	臭
隶书	臭
楷书	臭
草书	
行书	
简化字	（同楷书）

49

处（處）chǔ，chù

在春秋战国的出土文物上面，字形像一个人倚着"几"（jī，小桌子）休息的样子。本义是"暂止"。《说文》以"处"（简体字与它相近）为正体；加"虍"（hū，虎头）的只是"或体"。

穿 chuān

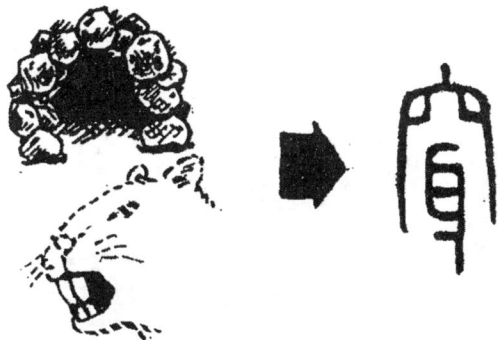

本义是"穿透"、"凿洞"。《说文》:"穿,通也。"金文的字形,下部是"牙",指鼠牙;上部是"穴",指洞穴。老鼠善于用尖牙打洞。《诗经》:"谁谓鼠无牙,何以穿我墉?"

甲骨文

（缺）

金文

小篆

隶书

楷书

草书

行书

简化字

（同楷书）

51

窗 chuāng

〔附〕囱 cōng

　　原作"囱"。《说文》："囱,在墙曰牖,在屋曰囱。象形。"其"或体"作"窗"。本义是"天窗";也泛指房屋、车船上通气透光的窗口。《论衡》："凿窗启牖,以助户明也。"

（缺）

（同楷书）

创（創 刅）chuāng, chuàng

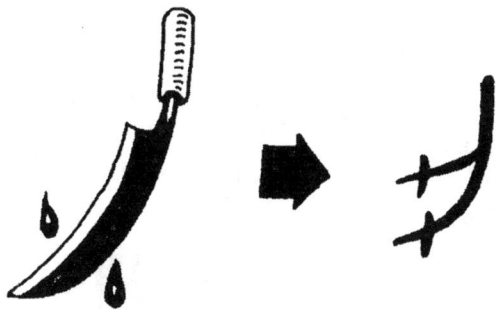

　　原是指事字：刀刃处有两条伤痕或两滴血液。后来发展为形声字："刂"（同"刀"）表义；"仓"（倉）表声。本义是创伤，读 chuāng。又借为创造等义，读 chuàng。

甲骨文	（缺）
金文	屮
小篆	劏
隶书	創
楷书	創
草书	刽
行书	刽
简化字	创

床（牀）chuáng

〔附〕爿 pán

本字作"爿"。这可以从"病"、"夢"等字的构成看出来（甲骨文造字时往往把原型竖起来写）；又可以从"將"（将）、"牆（墙）"等字的声旁得到证明。

金文

小篆

隶书

楷书

草书

行书

简化字

（缺）

牀

牀

牀

牀

床

床

垂 chuí

〔附〕陲 chuí

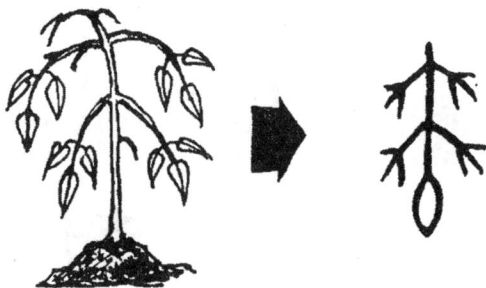

甲骨文和古玺文的字形是土上有一棵枝叶下垂的植物。本义是"下垂"、"低下"。如《庄子》："皆蓬头突鬓垂冠。"引申为"流传"。如《尚书》："德垂后裔。"古书通"陲"，边疆。

甲骨文	
古玺文	
小篆	
隶书	
楷书	
草书	
行书	
简化字	（同楷书）

刺 cì

　　原作"朿"（不是束，shù）。《说文》："朿，木芒也。象形。读若刺。"甲骨文和金文"朿"字像一棵树上有许多芒刺。小篆以后加"刂"（刀）旁。注意不要跟"剌"（là）字相混。

甲骨文

金文

小篆

隶书

楷书

草书

行书

简化字

（同楷书）

粗 cū

原作"麤"。从甲骨文到隶书，这个字由二或三只鹿构成。《说文》释为"行超远也"。后来转为"不精"、"粗劣"、"粗粮"等义。《说文》有"粗"字，释为"疏也"。

甲骨文
金文
小篆
隶书
楷书
草书
行书
简化字

（同楷书）

毳 cuì

〔附〕脆 cuì 橇 qiāo

　　本义是"鸟兽的细毛"。字由三个"毛"构成，表示细密而多。《周礼》："共其毳毛为氈。"又通"脆"，如《荀子》"是事小敌毳"。又通"橇"，如《汉书》"泥行乘毳"。

寸 cùn

中医把手腕上边用手按时可以觉察到脉搏的部分叫做"寸口"。这部分离手掌约一寸（三厘米左右）。字形由"又"（手）和"一"（指事符号）构成，表示这是一寸的长度。

甲骨文

金文

小篆

隶书

楷书

草书

行书

简化字

（同楷书）

59

逮 dài

字原作"隶"（dài，与简化字"隶"〔lì，隸〕不是同一个字）。金文的字形像一只手抓住了兽类的尾巴。本义是"捕获"。后来增加"辵"（chuò，即"辶"）旁，表示行动义。

甲骨文	金文	小篆	隶书	楷书	草书	行书	简化字

（缺）

（同楷书）

60

弹（彈）dàn,tán

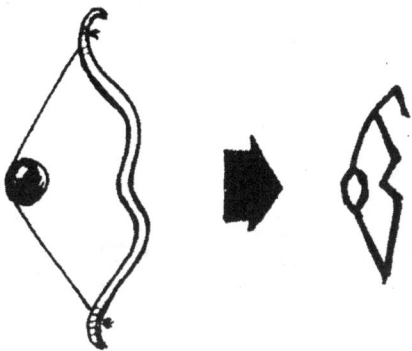

　　甲骨文的字形是一把弹弓,弦上有金属弹丸。本义是"弹弓"。也指"弹丸"。(以上义项读 dàn)。又有"弹射"、"用手指敲击"、"演奏乐器"等义(以上义项读 tán)。

（缺）

弹

彈

彈

彈

弹

道 dào

〔附〕导（導）dǎo

　　"导"（導）的本字。字的外边是"行"，意为"道路"；中间为"首"，意为"领头"。本义指"引导"，如《离骚》："来吾道夫先路。"又指"道路"，如《诗经》："周道如砥。"

甲骨文
（缺）

金文
𧗔

小篆
𧗟

隶书
道

楷书
道

草书
辶

行书
道

简化字
（同楷书）

到 dào

〔附〕倒 dǎo,dào

《说文》:"到,至也。从至,刀声。"但是从金文的字形看,应是从"至"、从"人",指人的来到。"人"后来变为"刀",作为声符也可通。通"倒",如《太玄经》"颠衣到裳"。

（缺）

甲骨文

金文

小篆

隶书

楷书

草书

行书

简化字

（同楷书）

63

盗 dào

字的上部原是"次"（参见"涎"字条），像一个人在流口水；下部是"皿"，即盛食物的容器。本义是"偷窃"。《说文》："盗，私利物也。"也指"偷窃的人"，即"盗贼"。

金文

小篆

隶书

楷书

草书

行书

简化字

（缺）

（同楷书）

64

低 dī

〔附〕氐 dǐ 柢 dǐ 底 dǐ

　　原作"氐"。字形像一个人侧身手持重物的样子,表示"低垂"的意思。《汉书》:"封君皆氐首仰给焉。"又通"柢"。《马王堆汉墓帛书》:"是胃(谓)深槿固氐。"又通"底"。

甲骨文　金文　小篆　隶书　楷书　草书　行书　简化字

（同楷书）

65

翟 dí, zhái

　　本义为"野鸡"。又叫"雉"。《说文》："翟，山雉尾长者。"字由"羽"、"隹"(参见《汉字演变500例》"隹"字条)构成，表示这种鸟的羽毛很突出。古代哲学家墨子名翟(dí)。现作为姓氏读 zhái。

（缺）

甲骨文

金文

小篆

隶书

楷书

草书

行书

简化字

（同楷书）

66

弟 dì

〔附〕第 dì 悌 tì

　　本义是"次第"（次序）。后作"第"。《说文》："弟，韦束之次弟也。"字形是一根木桩（参见"弋"字条）上面缠绕着绳子的样子。这是要按一定顺序来缠绕的。后借为兄弟之"弟"。又通"悌"。

甲骨文

金文

小篆

隶书

楷书

草书

行书

简化字

（同楷书）

67

甸 diàn

〔附〕佃 diàn

古文"甸"、"佃"是同一个字。字形是一个人在田边劳作;"田"也表声。本义为"耕种田地"。《玉篇》:"佃,作田也。"引申为"租种土地"、"王田"、"都城的郊外"等义。

甲骨文 (缺)

金文

小篆 町

隶书 甶

楷书 甸

草书 甸

行书 甸

简化字 (同楷书)

68

吊（弔）diào

〔附〕叔 shū 淑 shū

字形像一个人持弋(yì，一种带丝绳的箭)的样子。为"弋"的本字。本义早已不存。古籍多用于"追悼死者"、"慰问"、"伤悯"等义。金文通叔伯的"叔"；又通"淑"，善也。

甲骨文

金文

小篆

隶书

楷书

草书

行书

简化字

（同楷书）

69

定 dìng

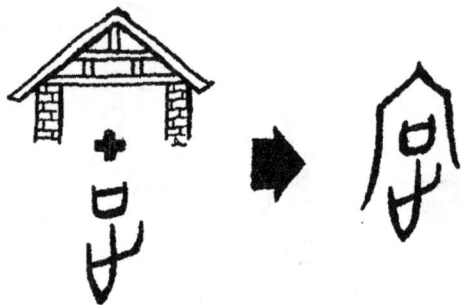

《说文》:"定,安也。"字的上部是"宀",表示房屋;下部是"正",表示方正。房屋方正则安定。《易经》:"正家而天下定矣。"引申为"停息"、"决定"、"规定"、"约定"、"必定"等义。

甲骨文 金文 小篆 隶书 楷书 草书 行书 简化字

（同楷书）

斗（鬥 鬪）dòu

甲骨文的字形是两个头插羽毛的武士在激烈搏斗的样子。本义是"争斗"或"战斗"。原作"鬥""鬪"等。这个字的异体很多。《孙子》："敌虽众可使无鬥。"现在简化合并为"斗"。所以"斗"字今有两读：dòu 和 dǒu。

甲骨文

（缺）

金文

小篆

隶书

楷书

草书

行书

简化字

短 duǎn

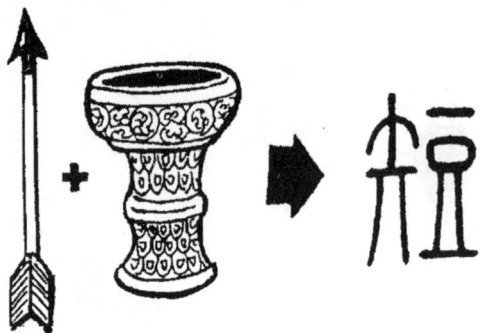

字由"矢"(箭,表义)、"豆"(一种食器,表声)构成。古代弓长箭短,所以用弓的长度作为长物的标准,以箭的长度作为短物的标准。引申为"缺少"、"不足"、"缺点"、"过失"等义。

(缺)	甲骨文
(缺)	金文
短	小篆
短	隶书
短	楷书
短	草书
短	行书
(同楷书)	简化字

段 duàn

〔附〕锻（鍛)duàn 碫 duàn 煅 duàn

"锻"的本字。金文字形是山崖下有一只手正握着锤子在敲击石头。本义是"锤击"或"锻炼"。《说文》："段，椎物也。"马王堆汉墓医书《五十二病方》："取段铁者灰三……。"又通"碫"、"煅"。

73

堆 duī

原作"𠂤"。最早的字形像两座小土山（甲骨文常把横宽的形体竖起来写，如"阜"、"犬"、"豕"等）。《说文》："𠂤，小𨸏（阜）也。"《正字通》："𠂤，堆本字。""堆"是后起的形声字。

甲骨文

金文

小篆

隶书

楷书

草书

行书

简化字

（同楷书）

74

敦 dūn

　　本为古代食器名,原读 duì。金文的字形像一只手用匙把羊肉放进食器里。《周礼》:"若合诸侯,则共珠槃玉敦。"古籍常用于"质朴"、"厚实"、"勤勉"、"督促"等义。

	甲骨文
	金文
	小篆
	隶书
	楷书
	草书
	行书
	简化字

(同楷书)

夺（奪）duó

一只手抓住了鸟，把它藏在衣服里，这是很容易丢失的。本义是"失漏"。如《荀子》："无夺农时"。争夺的"夺"正字为"敓"，后人借"夺"以表示这种意义，"敓"字被废弃。

甲骨文	金文	小篆	隶书	楷书	草书	行书	简化字
（缺）							

娥 é

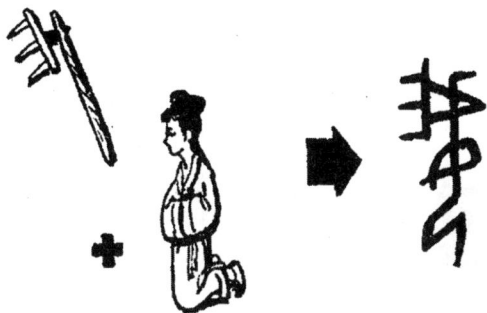

形声字："女"表义；"我"（参见《汉字演变500例》"我"字条）表声。本义是"美好"。《方言》："娥、嬿，好也。秦曰娥，宋魏之间谓之嬿。秦晋之间凡好而轻者谓之娥。"也指"美女"。

甲骨文

（缺）

金文

小篆

隶书

楷书

草书

行书

（同楷书）

简化字

77

厄 è

〔附〕轭（軛）è

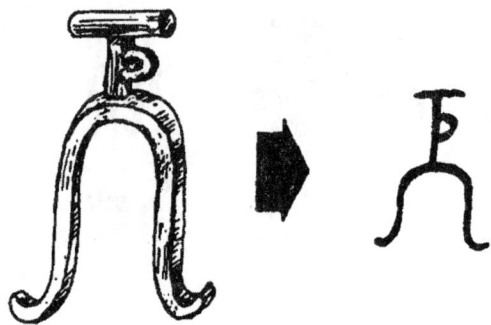

　　"厄"是"轭"（軛）的本字。金文字形简直就是一个套在牛马脖子上用来拉车的工具。《诗经》"鋈革金厄"用的就是本义。后来多用于"险隘"、"困苦"、"灾难"等义。

78

而 ér

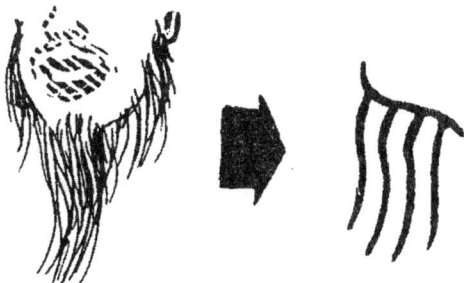

《说文》："而，颊毛也。象毛之形。"字形原来像颊须下垂的样子。后来本义不存。多用于连词或代词（指第二人称），于是另造"耏"字以表本义。

甲骨文
金文
小篆
隶书
楷书
草书
行书
简化字

（同楷书）

79

二 èr

两根算筹（古代用来计数的竹签）平放在一起，表示数目字"二"。引申为"两样"，如《汉书》"口不二价"。又引申为"不专一"、"不忠诚"，如《管子》"今彭生二于君"。变体有"弍"、"贰"等。

甲骨文	二
金文	二
小篆	二
隶书	二
楷书	二
草书	㇈
行书	乙
简化字	（同楷书）

80

发（發 髮） fā, fà

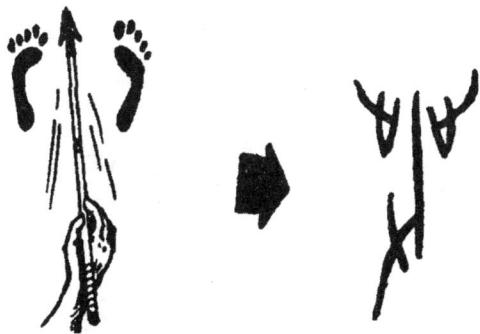

　　甲骨文的字形表示一个人一边迅跑，一边把标枪投了出去；金文开始加"弓"旁；本义是"发射"。《诗经》："壹发五豝。"简化字是由草书变化而来的；并合并了"髮"字。

罚（罰）fá

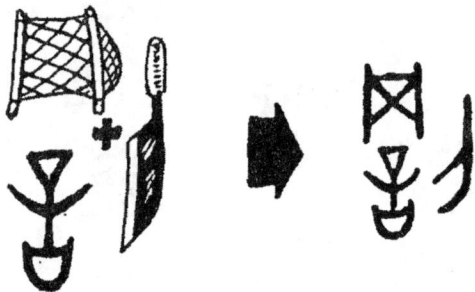

　　字由三部分构成："网"指法网（法律）；"言"指判决；"刀"指用刑。本义是"过错"。《说文》："罚，罪之小者。"引申为"处罚"、"惩治"。《尚书》："致天之罚。"又引申为"出钱赎罪"。

乏 fá

本义是"不正"。《说文》:"乏,《春秋传》:'反正为乏'。"徐灏注笺:"乏盖本为凡不正之称,后乃专以贫乏为义。"古籍多用于"缺少"、"匮乏"义。《战国策》:"孟尝君使人给其食用,无使乏。"

甲骨文	金文	小篆	隶书	楷书	草书	行书	简化字
（缺）							（同楷书）

83

法 fǎ

原作"灋"。据《说文》解释:传说中有一种名叫"解(獬)廌"(xièzhì)的神兽,它形似山牛,只有一角,能判别谁"不直"并触"去"(抛弃)他,所以用它断案;执法要平,故从"水"。后简为"法"。

(缺)

(同楷书)

甲骨文	
金文	
小篆	
隶书	
楷书	
草书	
行书	
简化字	

番 fān, pān

〔附〕蹯 fán

　　字形原作"釆"(不是"采"),像一只野兽的脚掌。由于兽类常把脚印留在田地里,所以后来加了"田"旁。《说文》:"兽足谓之番。"再后"番"多用于他义,于是又造"蹯"字。

（同楷书）

85

繁 fán

字原作"緐"。左边是一个女子（参见《汉字演变 500 例》"每"字条）；右边是一束丝。治丝的数目是很多的，所以本义是"多"。后来写作"繁"。《诗经》："正月繁霜，我心忧伤。"

甲骨文（缺）

金文

小篆

隶书

楷书

草书

行书

简化字（同楷书）

樊 fán

〔附〕藩 fān

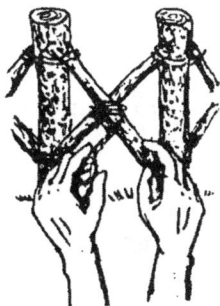 

一双手在用树干、树枝之类的东西编整篱笆。本义是"篱笆"。金文中间是一个叉形,小篆以后增为两个。《诗经》:"营营青蝇,止于樊。"这种意义也写做"藩"。

甲骨文	（缺）
金文	
小篆	
隶书	
楷书	樊
草书	樊
行书	樊
简化字	（同楷书）

87

犯 fàn

最早的字例现见于战国文字。字的左边是一条狗;右边是一个跪着的人。本义是"侵犯"。《说文》:"犯,侵也。"引申为"抵触"、"冒犯"、"犯罪"、"犯人"等义。

（缺）

（同楷书）

妃 fēi

《说文》："妃，匹也。从女，己声。"段玉裁注："人之配偶亦曰匹。妃本上下通称，后人以为贵称耳。"《左传》："嘉耦曰妃，怨耦曰仇。"后来特指帝皇之妾、太子及王侯之妻。

| 甲骨文 |
| 金文 |
| 小篆 |
| 隶书 |
| 楷书 |
| 草书 |
| 行书 |
| 简化字 |

（同楷书）

匪 fěi

〔附〕筐 fěi 非 fēi

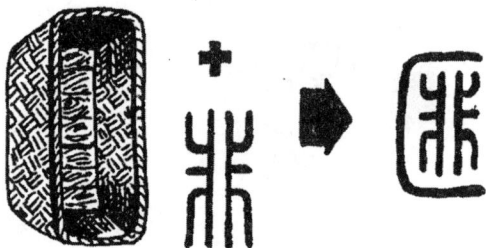

　　"匪"是"筐"的本字,是一种筐类的竹器。《说文》:"匪,器。似竹筐。从匚,非声。《逸周书》曰:'实玄黄于匪'。""匚"(fāng)是一种方形盛物器。"匪"字后多用于匪徒的"匪"。古书常通"非"。

（缺）

（同楷书）

甲骨文
金文
小篆
隶书
楷书
草书
行书
简化字

90

吠 fèi

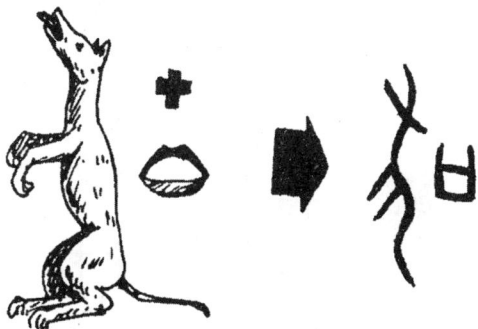

甲骨文已有"吠"字。金文未见，但见于先秦的古玺文。这是一个会意字，由"犬"、"口"构成。《诗经》："无使尨（máng，长毛狗）也吠。"《说文》："吠，犬鸣也。从犬、口。"

甲骨文 古玺文 小篆 隶书 楷书 草书 行书 简化字

（同楷书）

焚 fén

会意字。一把大火把林木烧了起来，很明显表示"烧"的意思。古代常焚烧山林以耕作或打猎。甲骨卜辞："其焚禽（擒）？癸卯，允焚……。"《说文》："焚，烧田也。"

| 甲骨文 |
| 金文 |
| 小篆 |
| 隶书 |
| 楷书 |
| 草书 |
| 行书 |
| 简化字 |

（同楷书）

奋（奮）fèn

有人抓住了一只鸟，把它放在衣服里藏着，那鸟正在挣扎要飞回田地里去。本义是"鸟类振翅高飞"。《诗经》："不能奋飞。"后来引申为"振作"、"奋发"、"举起"等义。

甲骨文	金文	小篆	隶书	楷书	草书	行书	简化字
（缺）	奮	奮	奮	奮	奮	奮	奋

粪（糞）fèn

　　甲骨文的字形是一手持扫帚，一手持畚箕把秽物倒掉的情况。本义是"扫除"，如《左传》："小人粪除先人之敝庐。"后来才指"粪便"。字形变化较大，遂不易解。

封 fēng

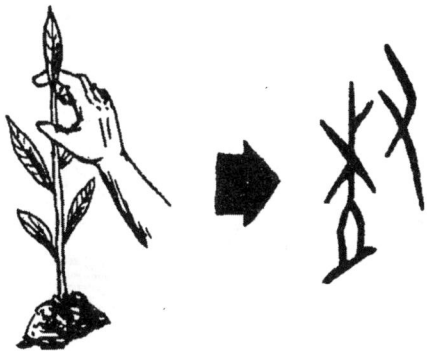

甲骨文、金文的字形像一只手正在培土植树的样子。古人用这种方式来定界。《周礼》："制其畿疆而沟封之。"又有"疆界"义。《左传》："……又欲肆其西封。"

甲骨文

金文

小篆

隶书

楷书

草书

行书

简化字

（同楷书）

95

奉 fèng

〔附〕捧 pěng

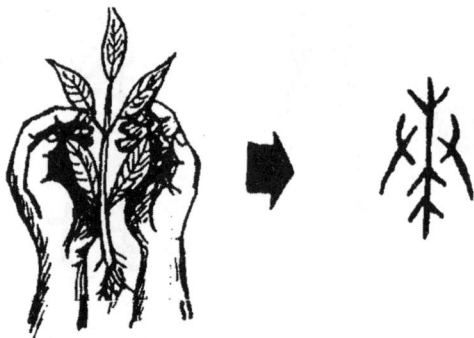

　　"奉"是"捧"的本字。字形像一双手捧着一株萌发的草木的样子。《广雅》："奉，持也。"后多含恭敬意味，如《韩非子》："奉而进献厉王。"引申为"接受"、"尊重"、"信仰"、"侍候"义。

甲骨文

金文

小篆

隶书

楷书

草书

行书

简化字

（同楷书）

肤（膚）fū

　　指人体的表皮。字原由"月"（即"肉"，表义）和"盧"（金文省略"皿"，表声）构成。小篆作"臚"。隶书则上承金文字形，不从小篆。简化字采用以"夫"为声符的新形声字"肤"。

伏 fú

一只狗正俯身守候在一个人的后边,准备袭击他。《说文》:"伏,司(伺)也。"本义是"伺机狙击"。又有"俯伏"、"藏匿"、"屈服"等义。成语"此起彼伏","伏"是"低下去"义。

金文

小篆

隶书

楷书

草书

行书

简化字

（同楷书）

98

扶 fú

甲骨文的字形是一个强健的人伸出手扶助他人的样子。金文以后变成一只大手去搀扶一个人（"夫"，也表声）。本义是"帮助"、"搀扶"。《荀子》："蓬生麻中，不扶而直。"

（同楷书）

99

凫（鳬）fú

　　本义为"野鸭"。字由"鸟"（表义）和"勹"（表声）构成。《说文》："鳬，舒鳬，鹜也。"《广韵》："鳬，野鸭。"《诗经》："将翱将翔，弋凫与鴈。"

甲骨文

金文

小篆

隶书

楷书

草书

行书

简化字

府 fǔ

〔附〕腑 fǔ

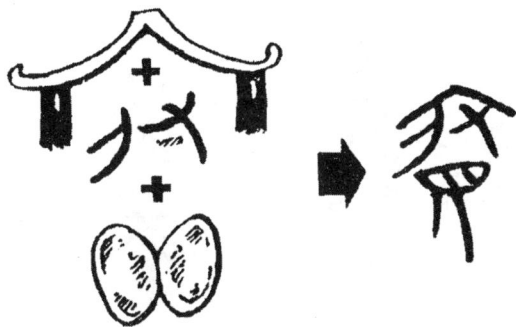

本义是"储藏文书或财物的地方"。金文从"宀",从"贝","付"声；小篆以后从"广","付"声。引申为"官府"、"乐府"、"学府"、"行政区划名称"和"达官贵人的住宅"等。又有"腑脏"义,后作"腑"。

（缺）

（同楷书）

釜 fǔ

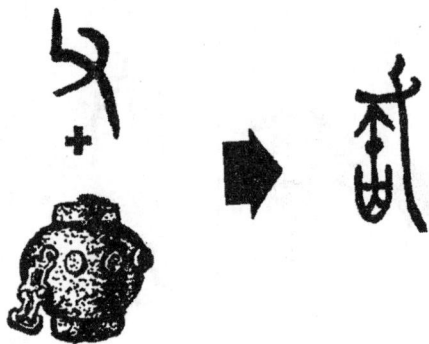

　　"釜"是一种古炊器。金文多从"缶"(参看《汉字演变 500 例》"缶"字条),"父"声。小篆正体为"鬴",或体从"金","父"声。楷书把"金"的前两笔作了省简。《急就章》:"铁、铢、钻、锥、釜、镬、鍪"。

（缺）　甲骨文

金文

小篆

隶书

楷书

草书

行书

简化字

（同楷书）

富 fù

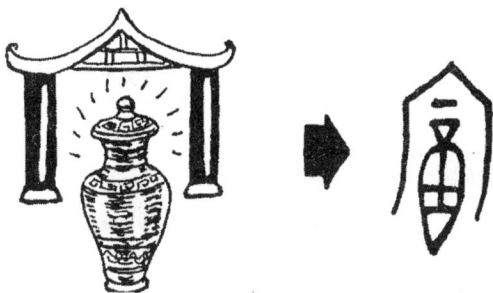

在一所房屋里有酒器，说明生活富足；"畐"也表声，《说文》："富，备也；一曰厚也。"《易经》"富有之谓大业"，指"完备"。《论语》："富哉，言也！"指"盛"、"多"。后多指财富、财物多。

（缺）

（同楷书）

阜 fù

本义是"土山"。最初的字形像土山的样子,不过是竖起来写的(甲骨文有许多字都这样写)。《诗经》:"如山如阜,有冈如陵。""阜"字用作偏旁时楷书作"阝"(在左)。

金文

小篆

隶书

楷书

草书

行书

简化字

(同楷书)

104

付 fù

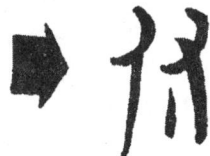

一只手把东西交给了一个人。手形金文多作"又"，小篆作"寸"。《说文》："付，与也。"《广雅》："付，予也。"《正字通》："付，授也。"诸葛亮《出师表》："宜付有司，论其刑赏。"

甲骨文	金文	小篆	隶书	楷书	草书	行书	简化字

（同楷书）

敢 gǎn

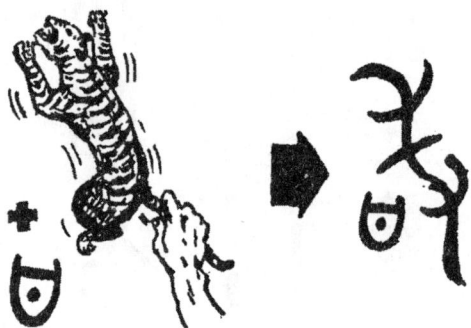

一只大手把一头猛兽抓住，当然是十分勇敢的行动；字的左下角是"甘"（参见《汉字演变500例》"甘"字条），表声。《广雅》："敢，勇也。"《尚书》："谁敢不让。"《荀子》："刚毅勇敢不以伤人。"

（同楷书）

刚（剛）gāng

〔附〕钢（鋼）gāng

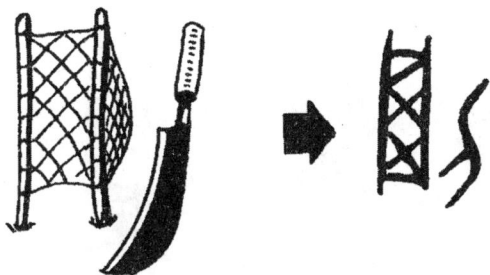

甲骨文从"刀"、从"网"，为会意字。本义是由以刀断网而表示"坚利"。金文以后"网"变为"冈"，表声。引申为"坚硬"、"强劲"，与"柔"相对。《易经》："乾刚坤柔。"又通"钢"（鋼）。

杲 gǎo

太阳升到了树顶的上方,表示这是天空最明亮的时候。本义是"明亮"。《诗经》:"其雨其雨,杲杲出日。"曹植《植橘赋》:"禀太阳之烈气,喜杲日之休光。"参看"杳"(yǎo)字条。

甲骨文

战国文字

小篆

隶书

楷书

草书

行书

简化字

(同楷书)

108

革 gé

本义是去毛加工好的兽皮。金文的字形像一张制好的皮革,头尾俱全,中间较宽的部分是皮革;两个点是指事符号。《诗经》:"羔羊之革。"引申为"更改"、"除去"义。

| 甲骨文 | 金文 | 小篆 | 隶书 | 楷书 | 草书 | 行书 | 简化字 |

(缺)

(同楷书)

肱 gōng

这个字原作"厷"。甲骨文的字形像在臂肘上面加一个小圆弧,表示肌肉。本义是"臂",小篆与甲骨文一脉相承。《说文》把后来加"月"(肉)旁的"肱"列为"或体"。

甲骨文

古玺文

小篆

隶书

楷书

草书

行书

简化字

(同楷书)

110

巩（鞏）gǒng

　　"巩"是"鞏"的本字。金文"巩"字像一个跪坐着的人，举起双手，握着工具的样子。"工"也表声。本义是"举"或"抱持"。金文铭文："巩告于王。"小篆加"革"，表示以皮革束物，义为"巩固"。

甲骨文　（缺）

金文　𢀜

小篆　鞏

隶书　鞏

楷书　鞏

草书　鞏

行书　巩

简化字　巩

111

骨 gǔ

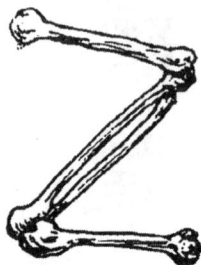

甲骨文的字形像几根骨头交错放置的样子;小竖画表示骨节两端突出的地方。后来加上"月"(肉)旁,表示骨肉相连。楷书旧字体作"骨",新字体作"骨",更便于书写。

甲骨文
古玺文
小篆
隶书
楷书
草书
行书
简化字

(同楷书)

古 gǔ

〔附〕故 gù

字的上部是盾形,表示战争;下面是口形,表示讲述。合起来就是追述过去年代的战事。本义是"古代"。《墙盘》:"曰古文王。"又通"故"。《盂鼎》:"古丧师。"

甲骨文	
金文	
小篆	
隶书	
楷书	
草书	
行书	
简化字	

（同楷书）

113

蛊（蠱）gǔ

　　古代人工培养的用于毒害他人的毒虫。甲骨文的字形是"皿"（盛器)中有一至二条虫；以后增为三条；现行简化字又回复为一条。《周礼》："庶氏掌除毒蛊。"

	甲骨文
	金文
	小篆
	隶书
	楷书
	草书
	行书
	简化字

瓜 guā

（缺）

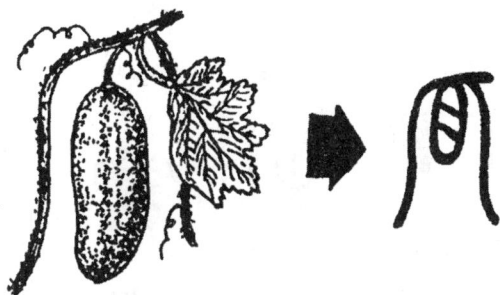

金文的字形显然是在藤蔓之中长出一个椭圆形的瓜的样子。隶书之后就变得不象形了。《诗经》："七月食瓜。"引申为"瓜成熟"。《左传》："瓜时而往，曰：'及瓜而代'。"

（同楷书）

115

寡 guǎ

在一间屋子里，有一个目光愁苦的老人孤独地生活着。这就是"寡"的本义，"凡无妻无夫通谓之寡"（《小尔雅》），又单指"老而无夫"（《孟子》）。古代帝王曾自谦称为"寡人"，义为"寡德之人"。

（缺）

甲骨文

金文

小篆

隶书

楷书

草书

行书

简化字

（同楷书）

官 guān

〔附〕馆(舘)guǎn

一所建筑物高耸在小山("自",参见"堆"字条)上面,本义是"官吏的馆所"。也可说是"馆"的本字。《字汇》:"官,官舍曰官。"后来由"官府"引申为"官职"、"官吏"等义。

<table>
<tr><td>甲骨文</td></tr>
<tr><td>金文</td></tr>
<tr><td>小篆</td></tr>
<tr><td>隶书</td></tr>
<tr><td>楷书</td></tr>
<tr><td>草书</td></tr>
<tr><td>行书</td></tr>
<tr><td>简化字</td></tr>
</table>

(同楷书)

关（關）guān

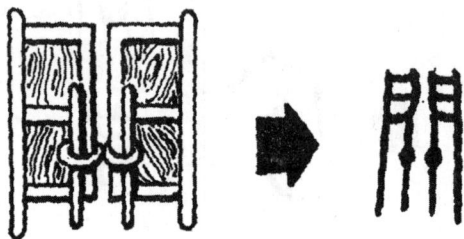

甲骨文未见。金文"关"字像两扇门中间加上了两根木棍和环形的锁。本义是"门锁"或"门闩"。《墨子》："门植关必环锢。"后来引申为"关闭"、"要塞"等义。

	甲骨文
（缺）	金文
	小篆
	隶书
	楷书
	草书
	行书
	简化字

冠 guān，guàn

字由三部分构成："冖"是帽子；"元"是人的头部(参见《汉字演变500例》"元"字条)；"寸"同"又"，就是手。合起来表示用手给人的头上戴帽子。本义是"帽子"，读 guān；用作"戴帽子"时读 guàn。

（缺）

（缺）

（同楷书）

甲骨文

金文

小篆

隶书

楷书

草书

行书

简化字

119

贯（貫）guàn

〔附〕惯（慣）guàn

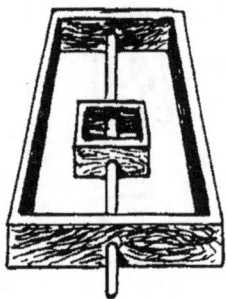

最早的字形像一根棍状或绳状的东西穿过一件或两件物体。本义是"穿过"。古时以贝为货币，因此加上"贝"旁。用作"习惯"义后写为"惯"。注意上部不要误为"母"或"毋"。

甲骨文

金文

小篆

隶书

楷书

草书

行书

简化字

120

广（廣）guǎng

〔附〕旷（曠）kuàng

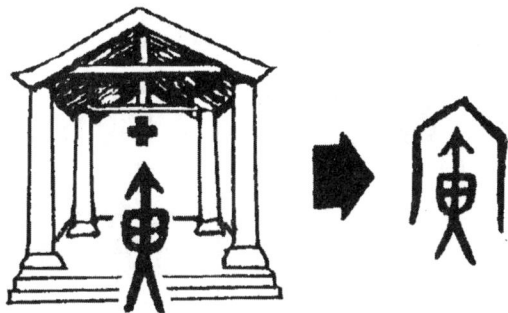

甲骨文原从"宀"（屋形），"黄"声。本义是"四周无墙壁的大屋"。金文以后"宀"变为"厂"或"广"。引申为"大"、"宽阔"。《尚书》："业广惟勤。"又引申为"推广"、"众多"、"广泛"等义。又通"旷"。

归（歸）guī

本义是"女子出嫁"。字原由"帚"、"自"构成："帚"是"妇"〔妇〕的简体，甲骨文常这样写；"自"是"堆"的本字，表声。《易经》："女归，吉。"后来引申为"返回"、"归还"等义。

寒 hán

屋子里有一个人光着脚踩在两块冰上(参见"冰"字条),说明天气很冷。他在周围放了一些稻草取暖,但是仍无法御寒。《说文》:"寒,冻也。"《史记》:"风萧萧兮易水寒。"

(缺)

(同楷书)

河 hé

　　原指"黄河",是专名,如《庄子》:"百川灌河。"后来作为河流的通称,如《汉书》:"下属江河。"各体的声旁略有不同:甲骨文是"丂"(参见"可"字条);金文是"何";小篆后是"可"。

甲骨文
金文
小篆
隶书
楷书
草书
行书
简化字

(同楷书)

盍 hé

〔附〕盖（蓋）gài

（同楷书）

　　"盍"是"蓋"（盖）的本字。《说文》解释为"覆也"。《集韵》注"通作蓋"。在古籍中，"盍"常用作代词，相当于"何"，如《管子》："盍不当言。"又用作副词，相当于"何不"，如《论语》："盍各言尔志？"

125

赫 hè

〔附〕吓（嚇）xià

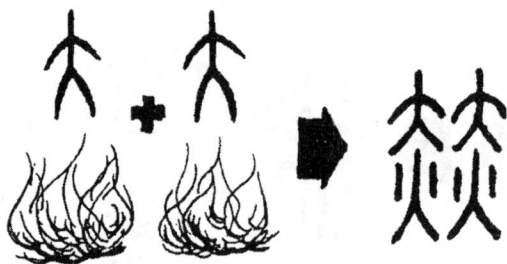

　　"赫"由两个"赤"构成。既然"赤"是用"大"、"火"来表示"红色"，那么"赫"就是"鲜明的红色"，如《诗经》："赫如渥赭。"又有"显耀"义，如《诗经》："赫赫明明。"也通"嚇"〔吓〕，如《诗经》："反予来赫。"

（缺）	甲骨文
（缺）	金文
	小篆
赫	隶书
赫	楷书
赫	草书
赫	行书
（同楷书）	简化字

黑 hēi

从出土的殷商器皿上的"黑"字看,这是一个会意字:下面是燃着火的灶台;上面是方形口的烟囱;中间一些小点则是飞扬的灰尘。本义是"火所熏之色也"(《说文》),即"黑色"。

甲骨文	（缺）
金文	𤋲
小篆	𤎴
隶书	黑
楷书	黑
草书	𤋱
行书	黑
简化字	（同楷书）

恒 héng

〔附〕亘 gèn

甲骨文作"亘"，无"心"旁，字的上下两横画表示天地；中间是一弯弦月。本义是"上弦月渐趋盈满"，如《诗经》："如月之恒，如日之升。"金文以后加"心"旁，表示"长久"、"经常"、"有恒心"等义。

甲骨文 金文 小篆 隶书 楷书 草书 行书 简化字

（同楷书）

宏 hóng

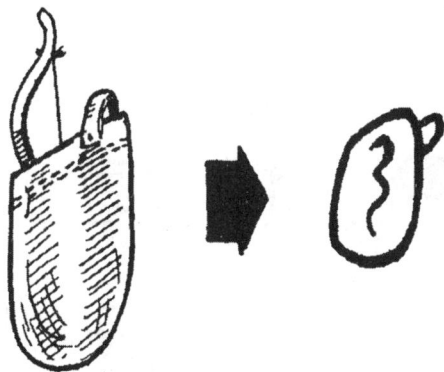

　　金文"宏"字不从"宀",而与"函"字(参见《汉字演变500例》"函"字条)相近。从字形上看,应该是藏放弓的皮囊。小篆以后从"宀"。本义早已不存,古籍多用于"广大"、"宽博"、"发扬"等义。

（缺）

（同楷书）

甲骨文

金文

小篆

隶书

楷书

草书

行书

简化字

厚 hòu

山崖（"厂"）下放着一只口大身小的容器，它大概是用石头雕成的，所以十分厚和重。《诗经》："谓天盖高，不敢不局（跼）；谓地盖厚，不敢不蹐。"古文异体作"垕"，后不通行。

甲骨文
金文
小篆
隶书
楷书
草书
行书
简化字

（同楷书）

乎 hū

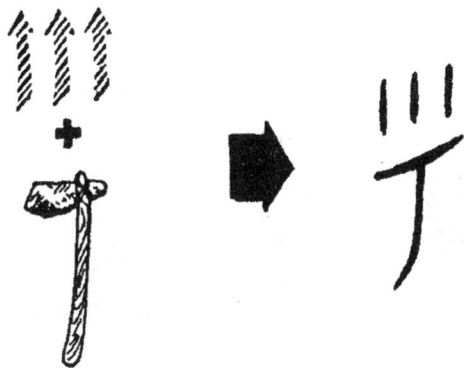

字的下部是"丂"("柯"本字,斧柄),表声;上部是三竖画,表示声音的升扬。与"兮"字只有微小差异(参见"兮"字条)。古籍多用作语气词,如《论语》:"学而时习之,不亦说(悦)乎!"

甲骨文

金文

小篆

隶书

楷书

草书

行书

(同楷书)

简化字

互 hù

〔附〕筁 hù

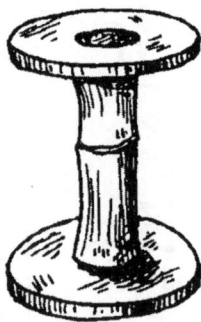

　　"互"是"筁"的本字,意思是"收绳的器具"。字形像一个中间有细轴的竹制器物。《说文》:"筁,可〔按:应为"所"〕以收绳也。互,筁或省。"后多借为"交错"、"彼此"等义。

甲骨文

甲骨文 (缺)

金文 互

小篆 筁

隶书 互

楷书 互

草书 互

行书 (同楷书)

简化字

华（華）huá

〔附〕花 huā

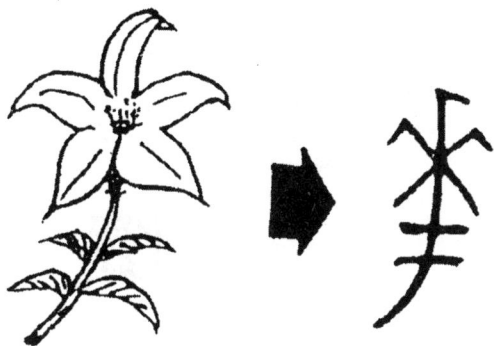

（缺）

"华"是"花"的本字。金文的字形像一朵花的样子。小篆以后开始加"草字头"。《诗经》："桃之夭夭，灼灼其华。"引申为"光彩"、"光辉"、"繁荣"等。《说文》："华，荣也。"

甲骨文
金文
小篆
隶书
楷书
草书
行书
简化字

133

怀（懷）huái

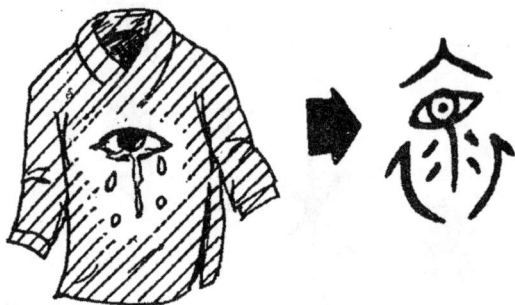

字原作"褱"。由"衣"、"眔"（"涕"古文）构成，表示在内心深藏着因思念而流泪的挚情，也即"怀念"，如《诗经》："嗟我怀人。"又有"怀藏"义，如《汉书》："……内怀奸猾，国之所患。"

（缺）	甲骨文
褱	金文
懷	小篆
懷	隶书
懷	楷书
怪	草书
懐	行书
怀	简化字

环（環）huán

金文作"睘"。由"罒"（眼睛）、"衣"和"○"（圆圈形玉器）构成，表示一个人正睁大了眼睛欣赏着胸前的"环"。《说文》："环，璧也。"《左传》："宣子有环。"

甲骨文
金文
小篆
隶书
楷书
草书
行书
简化字

宦 huàn

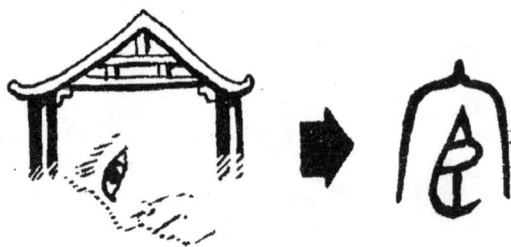

　　本义是"做贵族的奴仆"。字由"宀"(屋宇)和"臣"(奴隶,参见《汉字演变 500 例》"臣"字条)构成。《国语》:"(越王)与范蠡入宦于吴"。韦昭注:"宦,为臣隶也"。后引申为"宦官"(用阉人当太监)等义。

甲骨文

金文

小篆

隶书

楷书

草书

行书

简化字

(同楷书)

136

幻 huàn

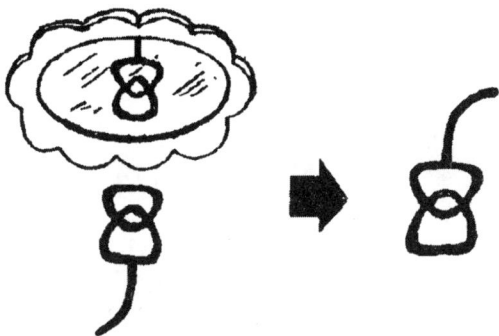

本义是"欺诈"。《说文》:"幻,相诈惑也。从反予。"小篆"幻"字正是"予"字(参看"予"字条)镜中的反影:"予"是"给予",那么"幻"就是欺骗和虚无了。《六韬》:"不祥之言,幻惑良民。"

甲骨文	（缺）
金文	
小篆	
隶书	
楷书	
草书	
行书	
简化字	（同楷书）

137

豢 huàn

一双手把野猪抓住，准备把它圈养起来。《说文》："豢，以谷圈养豕也。"《玉篇》："豢，养豕。"也泛指"喂养牲畜"。《周礼》："掌豢祭祀之犬"。《后汉书》："……有豢牛之事。"

甲骨文
（缺）

金文

小篆

隶书

楷书

草书

行书

简化字

（同楷书）

138

皇 huáng

〔附〕煌 huáng

（同楷书）

甲骨文

金文

小篆

隶书

楷书

草书

行书

简化字

　　"皇"是"煌"的本字。字的下部原是灯座；上部三竖画表示灯光。小篆上部讹变为"自"，隶书再变为"白"，遂不可解。《诗经》："朱芾斯皇。"毛传："皇，犹煌煌也。"引申为"大"、"帝王"等。

139

惠 huì

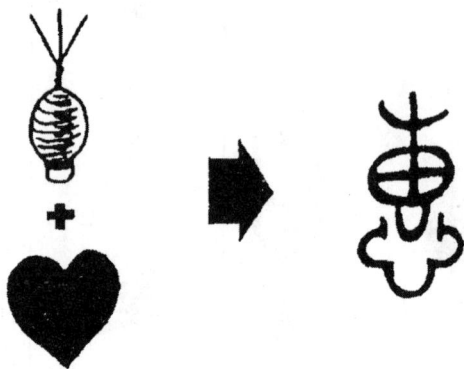

这是一个形声字：以"心"为形旁（义符）；以"叀"（古代的纺锤）为声旁（声符）。"惠"的本义是"仁也"（《说文》）。《尚书》："安民则惠。"《论语》："其养民也惠。"有时通"慧"。

140

彗 huì

《说文》："彗，扫竹也。"小篆字形
像一只手拿着两把竹制的扫帚的样
子。《左传》："彗所以除旧布新也。"
"彗星"一词早见于两千多年前成书
的《尔雅》，因其形似竹帚得名。

（同楷书）

141

慧 huì

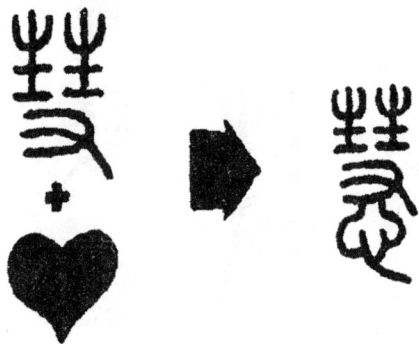

形声字。以"心"为形旁(义符),以"彗"(参见"彗"字条)为声旁(声符)。本义是"聪明"或"智慧"。《左传》:"周子有兄而不慧。"佛教用语,义为"了悟"。中医学指"眼睛清明"。

(缺)

(同楷书)

142

卉 huì

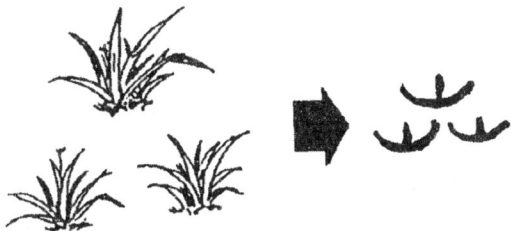

《说文》："卉,艸（草）之总名也。"字形是三棵草,代表许多草（这种以少代多的造字法在汉字中有多例,如"品"、"森"、"多"等）。《诗经》："卉木萋萋。"后泛指草木;也指花。

143

祸 (禍) huò

甲骨文"祸"字是用一块有卜痕的兽骨片来表示。金文以后加"示"、"口"作为义符。本义是"害也"(《说文》),即"灾害"或"灾难"。《诗经》:"二人从行,谁为此祸?"

几₁ jī, jǐ

"几"字小篆以前的字体,只能从春秋战国的出土文物中的"处"字(参见"处"字条)见到。"几"是古代的一种矮小的桌子;现在仍有"茶几"。简化字把"幾"字也合并为"几"。

（同楷书）

甲骨文	金文	小篆	隶书	楷书	草书	行书	简化字

145

几₂（幾）jī, jǐ

〔附〕机（機）jī

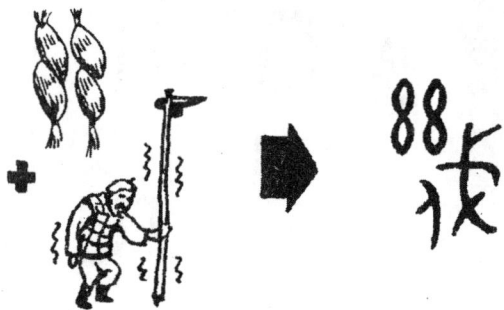

    "幾"字由"丝"（yōu，微小）、"戍"（shù，守卫）构成。守卫力量微弱是危险的事，所以本义是"危险"、"危机"。《尔雅》："幾，危也。"又有"细微"等义。有时通"機"〔机〕。简化字把"幾"合并为"几"。

（缺）

甲骨文	金文	小篆	隶书	楷书	草书	行书	简化字

146

基 jī

本义是"建筑物的基础"。字由"土"(表义)、"其"("箕"本字,表声)构成。《诗经》:"自堂徂基。"引申为"事物的基本或基础"。《资治通鉴》:"基定而国定。"又有"起头","开始"义。

甲骨文

金文

小篆

隶书

楷书

草书

行书

简化字

(同楷书)

147

姬 jī

字由"女"、"叵"（jī，不是"臣"）构成。"女"表义；"叵"是"篦"（jī，篦子，一种密齿的梳头用具）的本字，表声。相传黄帝姓姬。又是妇女的美称。《诗经》："彼美淑姬。"古籍也用作"歌女"和"妾"。

甲骨文

金文

小篆

隶书

楷书

草书

行书

简化字

（同楷书）

亟 jí, qì

〔附〕极（極）jí

"亟"是"極"（极）的古字。甲骨文"亟"字形是一个顶天立地的人，表示"极限"、"顶点"。"亟"用于"急速"、"赶快"义时读 jí，如《诗经》："亟其乘屋。"作"屡次"、"一再"义时读 qì。

甲骨文

金文

小篆

隶书

楷书

草书

行书

简化字

（同楷书）

149

急 jí

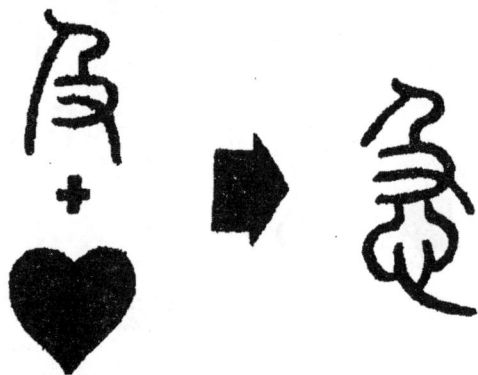

字原从"心"，"及"声。但是它的声旁在"隶变"之后就看不出原样来了。本义是"心急"。《诗经》："犭严犭允孔炽，我是用急。"引申为"急速"、"急躁"、"紧急"、"窘迫"、"急需"等义。

甲骨文	（缺）
金文	（缺）
小篆	
隶书	
楷书	
草书	
行书	
简化字	（同楷书）

棘 jí

植物名，即"酸枣树"。又是有刺草木的通称，如"荆棘"。"棘"字由左右并列的两个"朿"(cì，即"刺"字)构成(如果是上下结构，则是"枣"〔棗〕字)。隶书讹为两个"束"(shù)。

棘

棘

棘

棘

棘

（同楷书）

151

己 jǐ

〔附〕纪（紀）jì

  "己"是"纪"的本字。上古人们靠结绳记事。"己"的字形就像一根整齐放置的绳索。《释名》："己，纪也。皆有定形，可纪识也。"《谷梁传》："己即是事而朝之。"后借为天干名称及代词。

甲骨文	己
金文	己
小篆	己
隶书	己
楷书	己
草书	己
行书	己
简化字	（同楷书）

戟 jǐ

古兵器名。长柄,顶端有直刃,两旁有横刃,可以直刺、横击和钩截。因其杀伤力强,故从"肉"。《玉篇》:"戟,三刃戟也。"《左传》:"或以戟钩之,断肘而死。"

甲骨文	（缺）
金文	戒
小篆	戟
隶书	戟
楷书	戟
草书	戟
行书	戟
简化字	（同楷书）

继（繼）jì

《说文》："继,续也。"金文的字形像两束丝似断又连的样子。小篆以后加"糸"旁。《论语》："兴灭国,继绝世。"引申为"继承"、"随后"、"接济"、"增益"等义。

（缺）

繼

繼

繼

继

继

季 jì

〔附〕稚 zhì

甲骨文
金文
小篆
隶书
楷书
草书
行书
简化字

（同楷书）

"季"是"稚"（稺）的本字。本义是"幼禾"。字由"禾"、"子"构成，表示这是幼小的庄稼。《周礼》："斩季材。"引申为"年少的人"。《说文》："季，少偁（称）也。"《诗经》"有齐季女"，指少女。

155

加 jiā

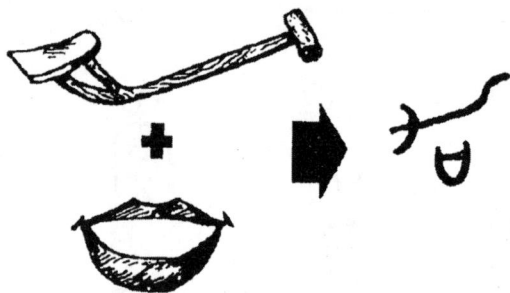

本义是"赞美"、"表彰"。后来"加"多用于其他义项，于是另造"嘉"字。《虢季子白盘》："王孔加子白义。"金文的字形由"力"、"口"构成，表示勤劳者总受到赞誉。

甲骨文	（缺）
金文	
小篆	
隶书	
楷书	
草书	
行书	
简化字	（同楷书）

嘉 jiā

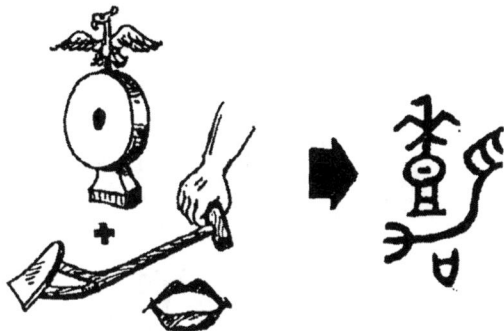

原作"加"。本义是"赞美"、"表彰"。"嘉"字是在"加"字上面再加"壴"(即"鼓"。参见《汉字演变500例》"鼓"字条)构成,更明显地表示喜庆的意思。《尚书》:"嘉乃丕绩。"又有"美善"、"吉祥"、"欢乐"等义。

甲骨文（缺）

金文

小篆

隶书

楷书

草书

行书

简化字（同楷书）

157

假 jiǎ, jià

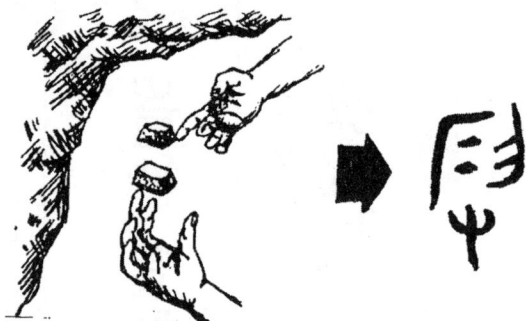

字原作"叚",本义为"借"。金文的字形像在山崖下两只手(代表两个人)以物相付的情景。《说文》:"叚,借也。"《集韵》:"假,以物贷人也。"《左传》:"唯器与名,不可以假人。"

（缺）

甲
骨
文

金
文

小
篆

隶
书

楷
书

草
书

行
书

简
化
字

（同楷书）

肩 jiān

本义是"人的颈下与臂相连的部分"。字上方的"户"与门户无关，只是肩头的象形；"月"是肉。《孟子》："胁肩谄笑，病于夏畦。"引申为"担负"、"胜任"、"任用"等义。

肙 肩 肩 肩 肩 肩

（同楷书）

甲骨文
金文
小篆
隶书
楷书
草书
行书
简化字

兼 jiān

试比较一下：手中握着一把禾，是"秉"（参见《汉字演变 500 例》"秉"字条）；手中握着两把禾，是"兼"。《说文》："兼，并也。"本义是"同时具有或涉及几个事物"。《荀子》："兼听齐明，则天下归之。"

（缺）

（同楷书）

甲骨文	金文	小篆	隶书	楷书	草书	行书	简化字

160

柬 jiǎn

〔附〕拣（揀）jiǎn 简（簡）jiǎn

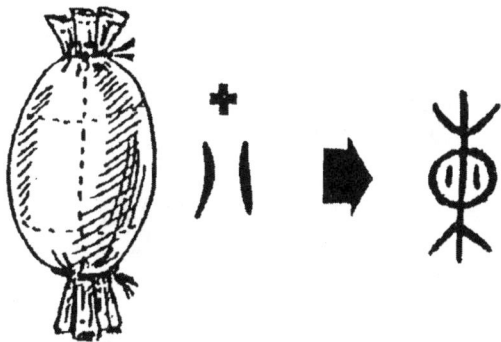

　　"柬"是"拣"（揀）的本字，义为"选择"、"挑拣"。《说文》："柬，分别简之也。"字由"束"（布袋）、"八"（分别）构成，意思是把布袋里的物品分门别类，分拣清楚。又通"简"。

（缺）

（同楷书）

161

间（間）jiàn, jiān

字本从"门"从"月"。会意字。表示从两扇门的缝隙中看到月亮，本义是"空隙"、"缝隙"。《庄子》："彼节者有间。"后来常与"空闲"的"闲"（閒，参见"闲"字条）混用，于是另造"间"字。

（缺）

甲骨文

金文

小篆

隶书

楷书

草书

行书

简化字

建 jiàn

〔附〕健 jiàn

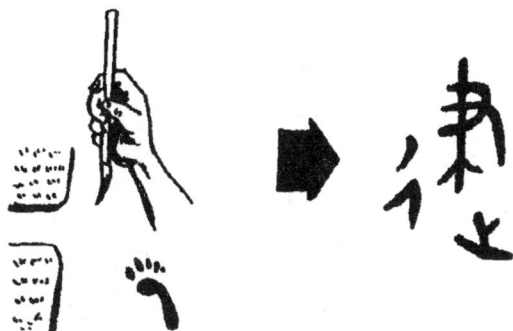

《说文》:"建,立朝律也。""聿"即"笔",这里指代法律;"彳"、"止"表示行动,后变为"廴"旁。《尚书》:"唐虞稽古,建官惟百。"引申为"树立"、"建立"、"建筑"等义。又通"健"。

(缺)

(同楷书)

甲骨文

金文

小篆

隶书

楷书

草书

行书

简化字

163

荐（薦）jiàn

原作"薦"。本义是"兽之所食草"（《说文》）。金文的字形像一头"解（獬）廌"（xièzhì，传说中的神兽），周围有草。《庄子》："麋鹿食薦。"引申为"草垫"等义。简化字"荐"小篆已有，二字早通用。

江 jiāng

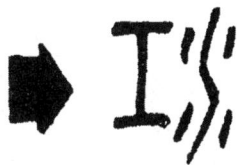

原指"长江",是专名,如《尚书》:"岷山导江。"《孟子》:"水由地中行,江、淮、河、汉是也。"后来作为大河流的通称,如《尚书》:"九江孔殷。"字由"水"(形旁)、"工"(声旁)构成。

（缺）

甲骨文

金文

小篆

隶书

楷书

草书

行书

简化字

（同楷书）

姜（薑）jiāng

上古氏族往往有图腾，而先有母系社会，所以有一些姓氏由图腾变来，并从"女"。"姜"是传说中神农氏的姓氏，以"羊"为图腾。现行简化字兼代"薑"字。

甲骨文

金文

小篆

隶书

楷书

草书

行书

简化字

（同楷书）

166

缰（繮）jiāng

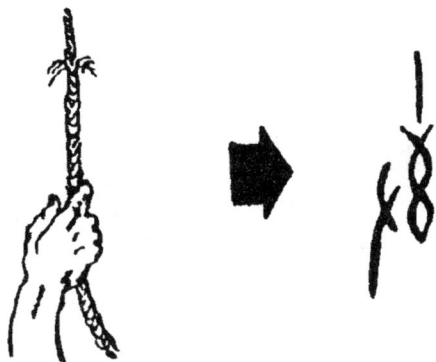

本义是"拴牲口的绳子"。甲骨文的字形像一只手拉着缰绳；金文以后变为形声字："糸"表义；"畺"表声。《白虎通》："人衔枚，马勒缰。昼伏夜行为袭也。"

（缺）

167

匠 jiàng

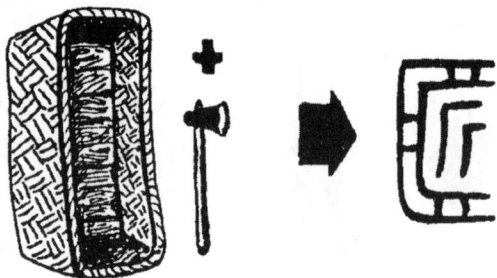

会意字,外框"匚"(fāng)是一种方形盛物器;"斤"是斧子(参见《汉字演变 500 例》"斤"字条)。带着斧子等工具去干活的人就是"木工也"(《说文》)。《孟子》:"木匠不为拙工改废绳墨。"

（同楷书）

甲骨文

古玺文

小篆

隶书

楷书

草书

行书

简化字

焦 jiāo

甲骨文 金文 小篆 隶书 楷书 草书 行书 简化字

（同楷书）

一把烈火正在烧着一只（小篆有三只的）鸟（"隹"，zhuī），本义是"烧伤"。《说文》解为"火所伤也"。《玉篇》注为"火烧黑也"。《左传》："卜战，龟焦。"《阿房宫赋》："楚人一炬，可怜焦土。"

皆 jiē

〔附〕偕 xié

　　字原由两个人(代表许多人)和"曰"(表示说话)构成。人人都这么说,本义是"都"。《论语》:"四海之内,皆兄弟也。"又有"同"义,后来写做"偕"。《韩非子》:"吾欲与子皆行。"

（缺）

（同楷书）

甲骨文

金文

小篆

隶书

楷书

草书

行书

简化字

170

节（節）jié

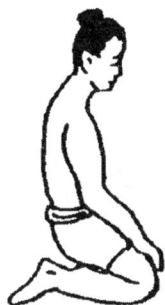

初文为"卩"。甲骨文的字形像人跪坐之形，突出其膝关节部分。后借为"符节"（又叫"瑞信"，证明身份的信物）义。再后加"竹"，以为"竹节"。引申为"节制"、"气节"、"礼节"、"季节"、"节日"等多种义项。

甲骨文	
金文	
小篆	
隶书	
楷书	節
草书	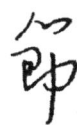
行书	
简化字	节

今 jīn

〔附〕含 hán

    "今"是"含"的初文：字的上方是倒置的"口"；下方一横表示嘴里所含的物品。战国时中山王鼎铭文把"今"写作"含"可证。后来本义不存，借指"是时也"（《说文》）。

甲骨文
金文
小篆
隶书
楷书
草书
行书
简化字

（同楷书）

172

金 jīn

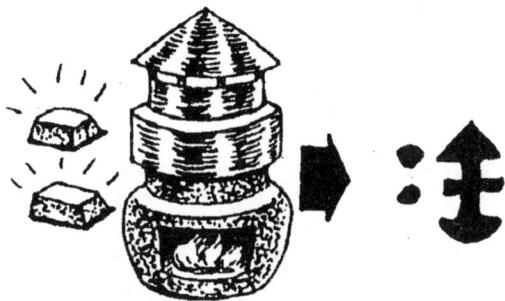

本义是"金属的通称"。《说文》："金，五色金也。"甲骨文未见。较早的金文字形像两块金属锭；后来在旁边加上了坩埚（gānguō）形，表示熔炼金属。后来只指黄金。"金属"、"五金"等词仍指多种金属。

（缺）

二

金

金

金

金

金

（同楷书）

尽（盡 儘）jìn, jǐn

　　一只手拿着炊帚正在洗涤食器（"皿"），表示吃毕。本义是"竭"、"完"。《易经》："书不尽言，言不尽意。"引申为"达到极限"、"终"、"死"等义。简化字把"盡"、"儘"合并为"尽"。

甲骨文
金文
小篆
隶书
楷书
草书
行书
简化字

174

经（經）jīng

本义是"织布机上的纵线"（横线为"纬"）。字原作"𢀖"。三条纵行的曲线指纵线；"一"、"工"合起来是织机的略形。《说文古籀补》："𢀖，古文以为經字。"小篆以后加"糸"旁以表义。

（缺）	甲骨文
	金文
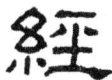	小篆
	隶书
	楷书
	草书
	行书
	简化字

兢 jīng

金文的字形像两个人头顶着重物，战战兢兢，不敢疏忽的样子。本义是"小心谨慎"。《尚书》："兢兢业业。"又有"坚强"义。《诗经》："矜矜兢兢。"

（同楷书）

176

荆 jīng

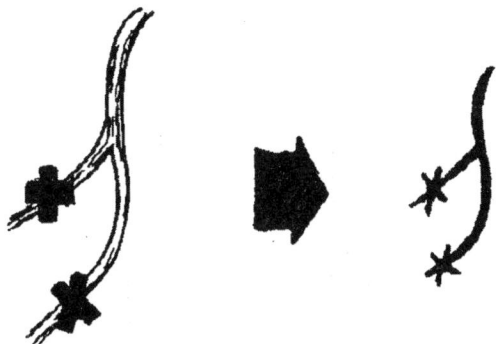

灌木名。种类甚多,枝条可用来编筐篮。字形像一般荆条;在其柔枝上有×形(有的是I形)的指事符号,表示这是可用的部分。后来荆条形讹变为"刀";又加"井"、"艸"(草)以表音义。

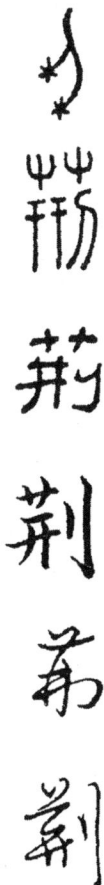

（同楷书）

甲骨文

金文

小篆

隶书

楷书

草书

行书

简化字

177

竟 jìng

〔附〕境 jìng

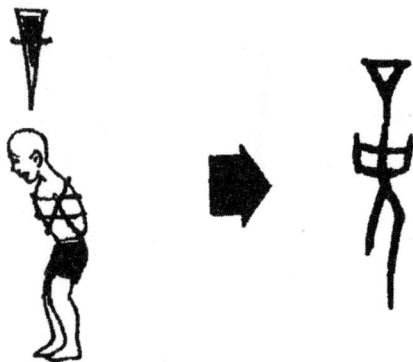

甲骨文"竟"字并非"从音,从人",而是"人"上有"辛"(刑刀),就是用刑刀在奴隶头上刻记号,做完了这事叫"竟"。本义是"完毕"、"终了"。《汉书》:"为德不竟。"通"境"字,如《礼记》:"入竟而问禁。"

(同楷书)

<table>
<tr><td>甲骨文</td></tr>
<tr><td>金文</td></tr>
<tr><td>小篆</td></tr>
<tr><td>隶书</td></tr>
<tr><td>楷书</td></tr>
<tr><td>草书</td></tr>
<tr><td>行书</td></tr>
<tr><td>简化字</td></tr>
</table>

纠（糾 糺）jiū

本字作"丩"。甲骨文和金文的字形都像两根绳索互相缠绕的样子。《说文》："丩，相纠缭也。"《后汉书》："腾蛇蜿而自纠。"异体作"糺"。现行规范字体为"纠"。

久 jiǔ

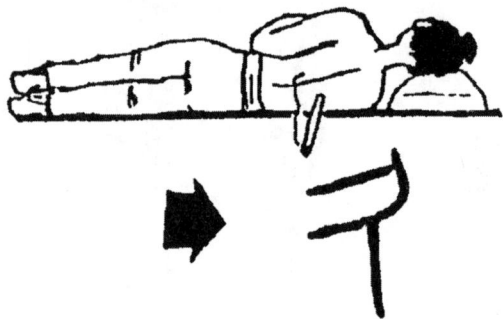

"久"是"灸"的初文。字形原是一个侧躺着的人，背部放置着一根艾炷正在进行治疗的样子。睡虎地秦墓竹简《封诊式》："其腹有久故瘢二所。"后来"久"多借为"时间长久"义。

（缺）

（同楷书）

| 甲骨文 |
| 金文 |
| 小篆 |
| 隶书 |
| 楷书 |
| 草书 |
| 行书 |
| 简化字 |

灸 jiǔ

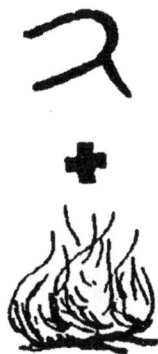 

《说文》："灸,灼也。从火,久声。"其实,"久"就是"灸"的初文,这是中医疗法之一。(参见"久"字条)。"灸"又有"烧灼"义。《后汉书》："敢灸灼奴婢,论如律,……。"不要误为"炙"(zhì)。

（缺）

（同楷书）

甲骨文

古玺文

小篆

隶书

楷书

草书

行书

简化字

臼 jiù

春米器具。《说文》:"臼,春也。古者掘地为臼,其后穿木石。象形,中米也。"字形像臼的剖面图,其中短斜线是米。《易经》:"断木为杵,掘地为臼。"

(缺)

金文

小篆

隶书

楷书

草书

行书

简化字

(同楷书)

182

咎 jiù

甲骨文的字形是一只大脚踩向一个小人,这只脚或许代表天神,或许代表掌握生杀大权的统治者,总之是"降祸"。《尚书》:"天降之咎。"引申为"凶灾"、"罪过"、"追究"等义。

甲骨文

金文

小篆

隶书

楷书

草书

行书

简化字

(同楷书)

183

掬 jū

原作"匊"。《说文》："在手曰匊。从勹、米。""勹"其实是臂膀的讹变。字形是一只手把米捧握住。本义是"满握"、"满捧"。《诗经》："终朝采绿,不盈一匊。"《礼记》："受珠玉者以掬。"

甲骨文

金文

小篆

隶书

楷书

草书

行书

简化字

（同楷书）

184

局 jú

甲骨文

（缺）

秦简文

局

小篆

局

隶书

局

楷书

局

草书

局

行书

局

（同楷书）

简化字

"局"的本义是"棋盘"；"局子"即"棋子"。《宋书》："太祖赐以局子。"字形很像一枚棋子，其中的"口"是其底座。后借为"局促"、"局部"、"局面"和"官署名"等义。

巨 jù

〔附〕矩 jǔ

　　"巨"是"矩"(又作"榘")的本字。意思是"木工的方尺"。金文的字形像一个人手持工字形方尺进行丈量的情况。《说文》:"巨,规巨也。"无"矩"字。《玉篇》:"矩,圆曰规,方曰矩。"

（缺）

甲骨文

金文

小篆

隶书

楷书

草书

行书

简化字

（同楷书）

186

惧（懼）jù

〔附〕瞿 jù, Qú

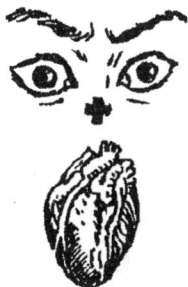

原作"瞿"（参见"瞿"字条）。后加"心"，表示内心的恐惧。《说文》："惧，恐也。"《论语》："仁者不忧，勇者不惧。"通"瞿"。《礼记》："见似目瞿，闻名心瞿。"简化字改用"具"为声旁。

187

绝（絕）jué

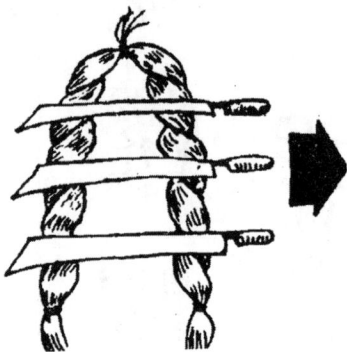

　　《说文》："绝，断丝也。"甲骨文字形是一束丝被三把利器切断的样子。金文出现刀形。小篆右旁从"刀"从"卩"（人形）。楷书右旁讹变为"色"，就不易看出其字源了。

絕

絕

绝

绝

军（軍）jūn

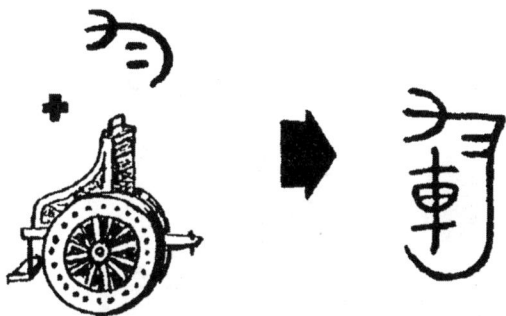

本义是"军队"。字由"車"（兵车，代表武装）、"勹"（表声。小篆讹变为"冖"；隶书又变为"冖"）构成。《史记》："军皆殊死战。"又是军队编制单位。《周礼》："五旅为师，五师为军。"

（缺）

	甲骨文
	金文
	小篆
	隶书
	楷书
	草书
	行书
	简化字

189

钧（鈞）jūn

〔附〕匀 yún

　　"钧"是古代的重量单位。原作"匀"；后加"金"（参见"金"字条）造"鈞"〔钧〕字。《汉书》："十六两为斤；三十斤为钧；四钧为石。"又有"制陶器的转轮"、"乐调"等义及用作敬词（如"钧座"）。

（缺）

鈞

鈞

鈞

钧

钧

钧

190

均 jūn

〔附〕韵（韻）yùn

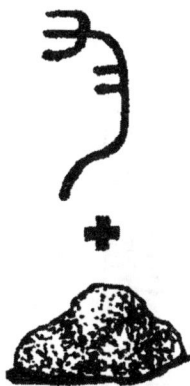

字从"土"、从"匀"（"匀"有"平均"义）；"匀"也表声。本义为"均匀"、"公平"。《论语》："不患寡而患不均。"引申为"普遍"、"调和"、"等同"等义。又通"韵"〔韻〕，古以"均"为"韵"。

（缺）	甲骨文
𦥑	金文
𡍬	小篆
均	隶书
均	楷书
均	草书
均	行书
（同楷书）	简化字

开（開）kāi

从较早的字形，可以清楚地看到在两扇门中间有一双手在拉开门闩的情景。小篆以后就变得难以理解了。本义是"开门"。《老子》："善闭，无关楗而不可开。"

刊 kān

原作"栞"。(《说文》这个字的上半部作二"天",疑有误)。字由"木"、"开"(义为"上平也")构成。本义是"削"。《尚书》:"随山刊木。"引申为"雕刻"、"订正"。后改为形声字,"干"声。

甲骨文	金文	小篆	隶书	楷书	草书	行书	简化字
(缺)	(缺)			刊			(同楷书)

193

看 kàn,kān

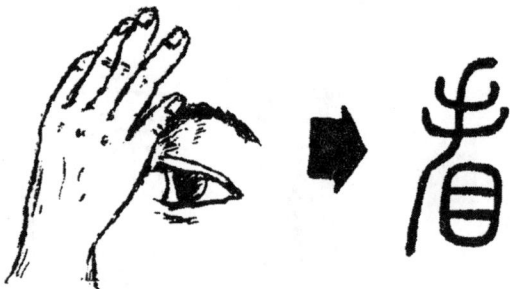

本义是"观望"。人们在阳光下，为了看得更清楚，往往用手遮额而望。"看"字正是用"目"、"手"表达这种含义的。引申为"探望"、"访问"、"看待"等义。作"守护"义时读 kān。

甲骨文 （缺）

金文 （缺）

小篆 看

隶书 看

楷书 看

草书 亢

行书 看

简化字 （同楷书）

194

科 kē

〔附〕棵 kē

本义是"品类"或"等级"。这是一个会意字：用"斗"量"禾"，从而区分出禾的品类。《论语》："射不主皮，为力不同科，古之道也。""科"字的义项甚多，其一当量词，今作"棵"。

（缺）　甲骨文

（缺）　金文

　小篆

　隶书

　楷书

　草书

　行书

（同楷书）　简化字

195

可 kě

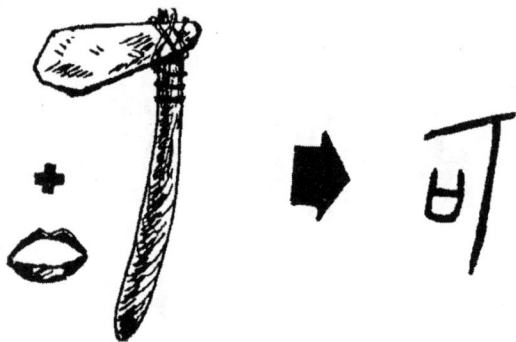

字由"丂"("柯"本字,即斧柄,表声)、"口"(用言语表示许可、肯定)构成。《说文》:"可,肯也。"《广韵》:"可,许可也。"《史记》:"始皇可其议。"引申为"能够"、"值得"、"适合"等义。

甲骨文

金文

小篆

隶书

楷书

草书

行书

简化字

可

可

可

可

丂

丂

(同楷书)

肯 kěn

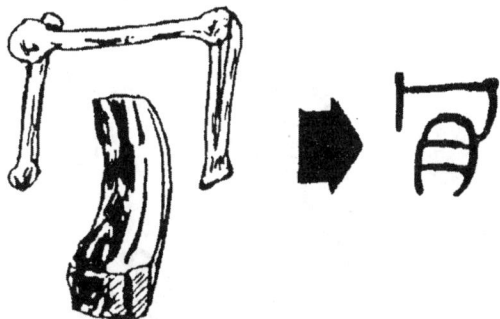

字原作"冎"。本义是"附在骨头上的肉"。"冖"是"骨"的简写;"月"是肉,表示骨肉相连。《庄子》:"技经肯綮之未尝。"后来多借为"可"义。《尚书》:"不肯慼言于民。"

（同楷书）

孔 kǒng

本义为"乳穴"。金文的字形像婴儿在吮吸乳汁的情景。引申指其他的孔穴。《列子》："子心六孔流通，一孔不达。"引申为"通达"。又有"大"、"美好"、"甚"等义。

（同楷书）

恐 kǒng

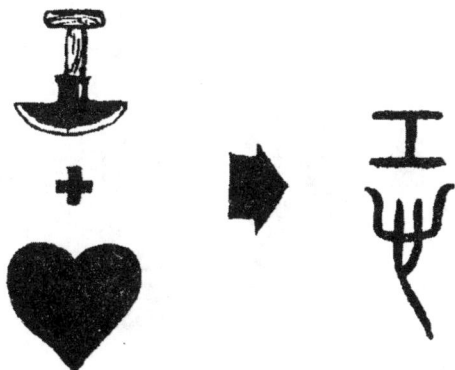

字本从"心","工"声。后来声旁由"工"变为"巩"。本义是"惧也",也就是"畏惧"、"害怕"。《素问》:"善恐如人将捕之。"引申为"恐怕"。《论语》:"学如不及,犹恐失之。"又有"恐吓"义。

（同楷书）

甲骨文

金文

小篆

隶书

楷书

草书

行书

简化字

寇 kòu

在一间屋子里,闯入者正手持木棒击打着主人的头部(参见《汉字演变 500 例》"元"字条)。本义是"施暴"或"劫掠"。《尚书》:"无敢寇攘。"又有"盗贼"义。《尚书》:"寇贼奸宄。"

(参见《汉字演变 500 例》"元"字条)

甲骨文

金文

小篆

隶书

楷书

草书

行书

简化字

（同楷书）

哭 kū

　　楷书"哭"字为什么是"犬"旁?很难解释。原来,从甲骨文的字形看,中间是一个披头散发的人;两旁是"吅"(音义同"喧")。合起来表示人在号哭。《论语》:"颜渊死,子哭之恸。"

甲骨文

金文

小篆

隶书

楷书

草书

行书

简化字

(同楷书)

201

库（庫）kù

《说文》："库，兵车藏也。从车，在广下。""广"音 yǎn，是依山崖建筑的房屋，较为隐蔽，可收藏战车和兵器。《墨子》："库无备兵，虽有义不能征无义。"后泛指粮库、钱库等。

块（塊）kuài

原作："凷"。本义是"土块"。字形像一个筐里盛着土块的样子。《礼记》："寝苦枕凷。"小篆开始有"塊"字，后来"塊"字逐渐通行并取代了"凷"字。《国语》："野人举塊以与之。"

（缺）

凷

凷

凷

塊

塊

塊

块

狂 kuáng

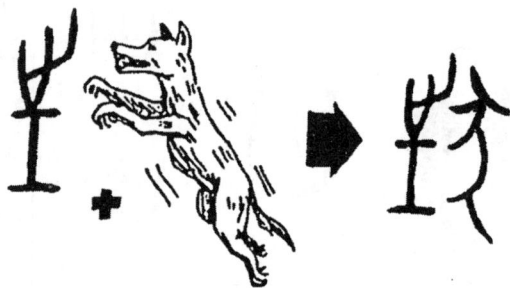

本义是"疯狗"。字原从"犬"（犭），"里"（即"往"字）声。阮籍《鸠赋》："值狂犬之暴怒。"引申为"疯狂"。《玉篇》："狂，癫痴也。"又引申为"狂妄"、"放纵"、"凶暴"等义。

犻

狂

狂

狛

狂

（同楷书）

昆 kūn

《说文》："昆，同也。"《太玄经》："理生昆群，兼爱之谓仁也。"引申为"同父母所生的兄"。《诗经》："终远兄弟，谓他人昆。"兄弟旧称"昆仲"。又有"众"义，"昆虫"，众虫也。

甲骨文	金文	小篆	隶书	楷书	草书	行书	简化字
（缺）							（同楷书）

205

困 kùn

走进一个院子，最早接触到的"木"制物品就是门槛——"梱"。"困"即"梱"的本字。《墨子》"试藉车之力，而为之困"，即用本义。由门槛所限而引申为"艰难"、"窘迫"、"围困"等义。

甲骨文

说文『古文』

小篆

隶书

楷书

草书

行书

简化字

（同楷书）

206

离（離）lí

〔附〕罹 lí

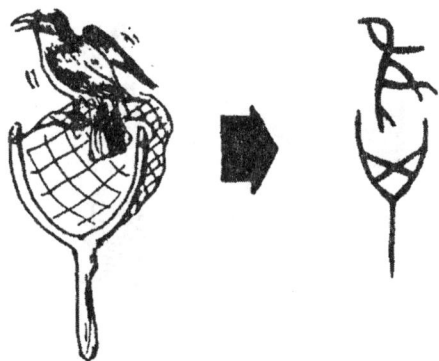

甲骨文的字形像一把有长柄的
网将一只鸟捉住。本义为"捕鸟"。
引申为"遭殃"、"遭难"，通"罹"，如
《易经》："飞鸟离之。"后来作为鸟名，
即黄鹂，又名黄莺。

厘（釐）lí

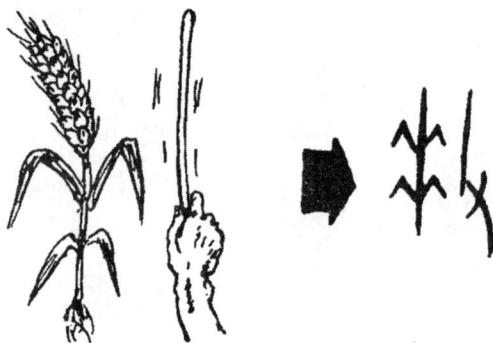

甲骨文的字形像手持杖打麦脱粒的样子，表示有收获即"有福"。后来加"里"以表声。古籍多用于"治理"、"改变"、"分开"等义，并用为长度单位。简体的"厘"在东晋已见。

礼（禮）ǐ

字原作"豊"。字形像一个礼器里放着两串贵重的玉，用以祭神。后来因与"豐"〔丰〕字形体相似，常被混用，于是加"示"（祭桌）旁作"禮"。本义是"敬神"，如"礼神"。

里 1 ‖

由"田"、"土"构成,本义是"人所生活的地方"。《周礼》:"五家为邻,五邻为里。"引申为"故乡"。《史记》:"病归田里。"又用作长度单位,一华里(等于半公里)。简化字还兼代"裹"字。

(缺)

里

里

里

里

里

(同楷书)

甲骨文

金文

小篆

隶书

楷书

草书

行书

简化字

里₂(裹裡) ǐ

形声字。外"衣"（表义）内"里"（表音）。本义是衣服的内层。《说文》："裹，衣内也。"《诗经》："绿衣黄裹。"引申为"在内"、"在中"，与"外"、"表"相对。现行简化字把"裹"合并为"里"。

怜 (憐) lián

甲骨文	（缺）
金文	
小篆	
隶书	
楷书	
草书	
行书	
简化字	

字原由"心"（表义）、"粦"（表声。参见"磷"字条）构成。本义是"哀怜"、"同情"。《史记》："纵江东父兄怜而王我，我何面目见之。"又有"爱"义，现代汉语不具。《列子》："生相怜，死相捐。"

良 liáng

〔附〕郎 láng 廊 láng

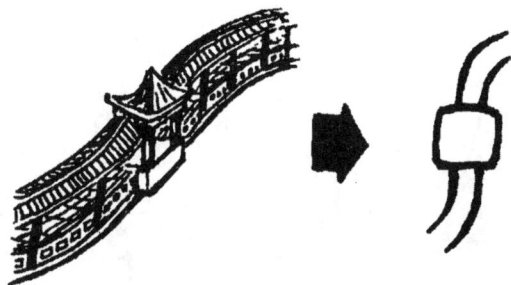

"良"字的本义是"廊"。后写作"郎"、"廊"。甲骨文"良"字的字形，中间像方形的亭；上下像走廊。汉简《孙子兵法》有"厉以郎（廊）上"句可证。"良"在古籍中多用于"善"、"美好"、"贤能"等义。

甲骨文

金文

小篆

隶书

楷书

草书

行书

简化字

（同楷书）

213

梁（樑）liáng

〔附〕梁 liáng

から早期的西周铜器铭文中，"梁"本无"木"，而是在"水"（河流）旁有桥梁的象形。本义是"水桥也"（《说文》）。小篆以后加"木"。而楷书有的异体竟有二"木"作"樑"。"梁"有时通"粱"。

从早期的西周铜器铭文中，"梁"本无"木"，而是在"水"（河流）旁有桥梁的象形。本义是"水桥也"（《说文》）。小篆以后加"木"。而楷书有的异体竟有二"木"作"樑"。"梁"有时通"粱"。

甲骨文	金文	小篆	隶书	楷书	草书	行书	简化字
（缺）	𣲎	𣹑	梁	梁	𣲎	梁	（同楷书）

214

量 liáng，liàng

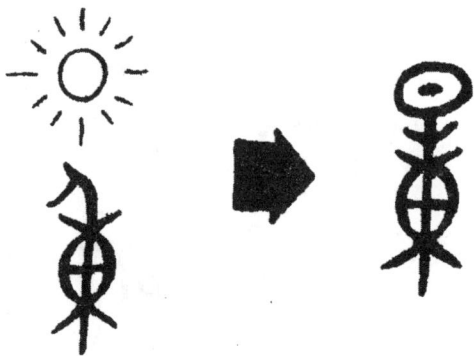

字原由"日"和"重"(参见"重"字条)构成,意思是在阳光下量物品的轻重。本义是"用量器称轻重、度长短"。引申为"估量"、"商量"等。(以上读 liáng)。又,"度量衡"、"容量"、"器量"等义读 liàng。

(同楷书)

甲骨文
金文
小篆
隶书
楷书
草书
行书
简化字

两（兩）liǎng

〔附〕辆（輛）liàng

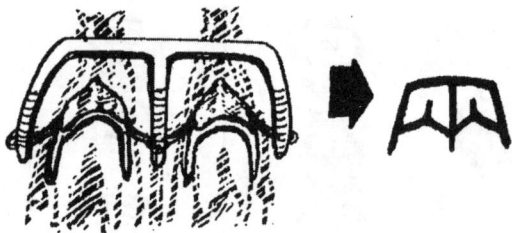

　　早期的字形像一辆双套马车上的轭和一对马鞍。本义是"二"、"双"。《左传》："御下两马掉鞅而还。"又用作计算车辆的单位，后作"辆"。《诗经》："百两御之。"

（缺）

甲骨文	（缺）
金文	丙
小篆	兩
隶书	兩
楷书	兩
草书	乃
行书	两
简化字	两

216

料 liào

《说文》："料，量也。"段玉裁注："称其轻重曰量，称其多少曰料。"引申为"清点"，如《国语》："乃料民于太原。"又引申为"预测"、"揣度"、"挑选"、"管理"等义。又用于"木料"、"原料"、"史料"等。

甲骨文（缺）

金文

小篆 ᗲᗲᗲ

隶书 料

楷书 料

草书 料

行书 料

简化字（同楷书）

217

临（臨）lín

一个人睁大着眼睛，俯看地上的几件物品。本义是"居上视下"，如《诗经》："上帝临女（汝）。"引申为"降临"，如《史记》："大王乃肯临臣。"又引申为"统治"、"靠近"、"面对"义。

甲骨文	金文	小篆	隶书	楷书	草书	行书	简化字
（缺）	𦣞	臨	臨	臨	临	臨	临

磷 lín

字原作"粦"("𤎥")。本义是"磷火",俗称"鬼火"。因为磷火在夜间飘移不定,似能行走,所以金文的字形下方是一双脚的样子。《广韵》:"……鬼火也,兵死及牛马血为之。"

甲骨文	（缺）
金文	𤎥
小篆	粦
隶书	磷
楷书	磷
草书	磷
行书	磷
简化字	（同楷书）

219

霖 lín

本义是"久雨"。《说文》:"霖,雨三日以往。""雨"表义(参见《汉字演变 500 例》"雨"字条);"林"是树林,也表声。《尔雅》:"久雨谓之淫,淫谓之霖。"《尚书》:"若岁大旱,用汝作霖雨。"

甲骨文（缺）

金文 霖

小篆 霖

隶书 霖

楷书 霖

草书 霖

行书 （同楷书）

简化字

220

陵 líng

甲骨文的字形像一个人沿着石阶登上了土山(参见"阜"字条)的样子。本义是"大土山";又有"登上"、"升"义。《尔雅》:"大阜曰陵。"引申为"帝王的坟墓"、"超越"、"侵侮"等义。

甲骨文

金文

小篆

隶书

楷书

草书

行书

简化字

(同楷书)

221

零 líng

〔附〕霝 líng

（同楷书）

    原作"霝"。从甲骨文的字形看，显然是天下雨的情景，下面还有几滴（表示很多）小雨点。《说文》释为"雨零也"，并引《诗经》"霝雨其濛"句。按今本《诗经》"霝"作"零"。

灵（靈）líng

本义为"神灵"。字的上部原是"霝"（参见"零"字条），表示细雨迷濛，也表声；下部金文原作"示"（祭桌）、"王"（玉）或"心"。小篆才有从"巫"的"或体"，用于"跳舞降神的巫师"义，见于《楚辞》。

（缺）

甲骨文	金文	小篆	隶书	楷书	草书	行书	简化字

霝

靈

靈

靈

霊

靈

灵

卢（盧）lú

〔附〕炉（爐 鑪）lú 庐（廬）lú

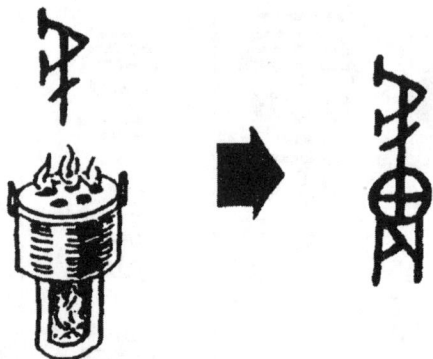

　　"卢"是"炉"的本字。甲骨文"卢"字的下面是一个炉形；上部是"虍"（虎头，音 hū，表声）。金文加"皿"，表示假借义"饭器"。由于炉子常被烟火熏黑，所以"卢"又有"黑色"义。又通"庐"。

甲骨文
金文
小篆
隶书
楷书
草书
行书
简化字

224

卤（鹵）lǔ

本义是"未经过加工的天然盐"。段玉裁《说文解字注》："盐，卤也。天生曰卤，人生曰盐。"《史记》："山东食海盐，山西食盐卤。"引申为"盐碱地"。《说文》："卤，西方鹹地也。"

（缺）

履 lǚ

本义是"步行";又有"鞋"义。从现存最早的字形看,字由"页"(头,代表人)、"舟"(船,表示前进)、"正"("止"的变体,即"趾",也即脚)构成,表示人用脚前进。后来字体变化较大。《诗经》:"如履薄冰。"

(缺)

甲骨文

说文『古文』

小篆

隶书

楷书

草书

行书

简化字

颽
履
履
履
履

(同楷书)

率 lǜ, shuài

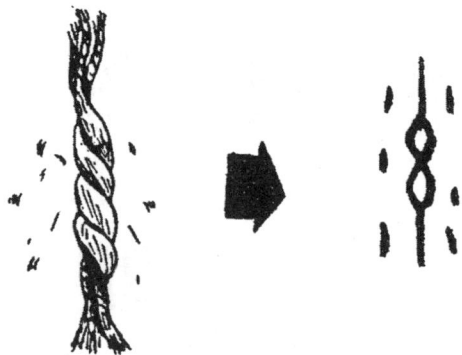

　　"率"(lǜ)本义是"粗绳"，即"縗"的本字。《玉篇》："縗，井索也。"甲骨文和金文的字形像一段绳子；旁边的小点是拉拽时掉下的麻屑。用这种绳子制作的捕鸟网称"率"(shuài)。

（同楷书）

227

卵 luǎn

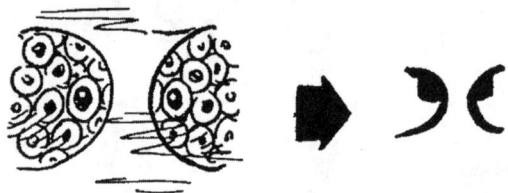

　　有些昆虫、蛙类和鱼类的卵,往往是有薄膜包着许多卵粒的卵块。"卵"字就是用两块卵块来表示字义的。《说文》:"卵,凡物无乳者卵生。"《论衡》:"卵壳孕而雌雄生。"

甲骨文	(缺)
战国文字	
小篆	
隶书	
楷书	
草书	
行书	
简化字	(同楷书)

乱（亂）luàn

原作"亂"。金文的字形像一束乱丝，上下两手正加以整理。丝易乱，本义为"紊乱"。《左传》："吾视其辙乱。"引申为"不安定"。《吕氏春秋》："故治国无法则乱。"

金文

小篆

隶书

楷书

草书

行书

简化字 乱

麻（蔴）má

人们在山崖（"厂"，见金文）或屋檐（"广"，见小篆等）下面晾麻。"麻"在古代专指大麻。《诗经》："艺麻如之何？衡从其亩。"后来加"草字头"造"蔴"字。简化字又合并为"麻"。

（缺）

甲骨文

金文

小篆

隶书

楷书

草书

行书

（同楷书）

简化字

埋 mái

〔附〕霾 mái

“埋”字原作“霾”。本义是风扬起尘土，天上像下雨似地降土，所以从“雨”；“貍”是狐狸，因古音相近而表声。引申为“遮掩”和“埋”。《九歌》：“霾两轮兮絷四马。”“埋”是后起字。

甲骨文
石鼓文
小篆
隶书
楷书
草书
行书
简化字 （同楷书）

曼 màn

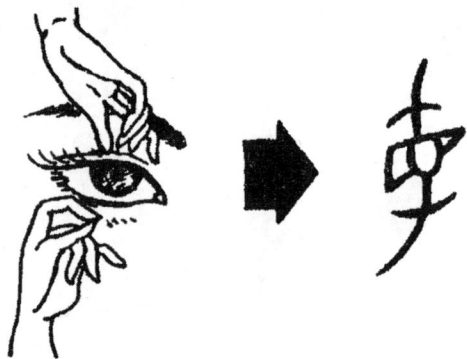

本义为"展开"。《九章》:"曼余目以流观兮。"引申为"延长"、"长远"。《离骚》:"路曼曼其修远兮。"甲骨文的字形像两手张目。金文加"冃"("帽",后讹变为"日")为声符。

甲骨文

金文

小篆

隶书

楷书

草书

行书

简化字

（同楷书）

莽 mǎng

字形像一只犬在草中。本义是"丛生的草"。《易经》："伏戎于莽。"也指一般的草。《离骚》："夕揽洲之宿莽。"引申为"大"、"广阔"。《九辩》："莽洋洋而无极兮。"又引申为"粗率"、"冒失"。

（缺） 甲骨文

 金文

 小篆

 隶书

 楷书

草书

行书

（同楷书） 简化字

矛 máo

"矛"是古代一种直刺兵器,长柄,在柄的一侧或两侧有耳,可以用绳子穿过,竖在兵车上面缚牢。《尚书》:"称尔戈,比尔干,立尔矛,予其誓。"《韩非子》:"以子之矛,陷子之盾。"

（缺）

（同楷书）

甲骨文
金文
小篆
隶书
楷书
草书
行书
简化字

毛 máo

金文"毛"字像鸟的一根羽毛。《说文》:"毛,眉发之属及兽毛也。象形。"徐灏注笺:"人、兽曰毛,鸟曰羽;浑言通曰毛。"《左传》:"皮之不存,毛将安傅?"

甲骨文	金文	小篆	隶书	楷书	草书	行书	简化字
（缺）			毛	毛	毛	毛	（同楷书）

235

卯 mǎo

    "卯"是"窌"的本字，就是地窖，也就是收藏食物的地洞或土坑。后常用作地支的第四位，可纪年、月或时。《尔雅》："太岁在卯曰单阏。"《晋书》："二月之辰名为卯。"

甲骨文	金文	小篆	隶书	楷书	草书	行书	简化字

（同楷书）

冒 mào

〔附〕帽 mào

"冒"是"帽"的本字。由"曰"(帽子形,不是"曰")和"目"(眼睛,代表脸部)构成。《汉书》:"……着黄冒。"《新唐书》:"白纱冒者,……。"引申为"覆盖"、"顶着"、"干犯"、"假充"等义。

（缺）

（同楷书）

甲骨文

金文

小篆

隶书

楷书

草书

行书

简化字

枚 méi

本义是"树干"。从早期的金文字形,可以明显地看出是手持大斧砍树的样子。《诗经》:"伐其条枚。""条"是树枝,"枚"就是树干。常用作量词。《墨子》:"枪二十枚。"《玉篇》:"枚,箇〔个〕也。"

（同楷书）

238

妹 mèi

　　《说文》:"妹,女弟也。从女,未声。"本义是"同父母而年龄比自己小的女子"。《诗经》:"东宫之妹,邢侯之姨。"引申指"少女"。《易经》"归妹"。王弼注:"妹者,少女之称也"。

| | 甲骨文 |
| 金文 |
| 小篆 |
| 隶书 |
| 楷书 |
| 草书 |
| 行书 |
| 简化字 |

(同楷书)

239

媚 mèi

一个女子长着美丽的眉眼（参见《汉字演变500例》"眉"字条），很叫人喜爱。"眉"也表音。所以"媚"字一为"娇美"义，如陆机《文赋》"水怀珠而川媚"；一为"喜爱"义，如《诗经》"媚兹一人"。

（同楷书）

240

盟 méng

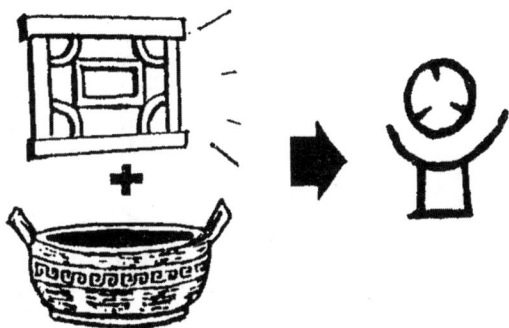

　　本义是"结盟"。甲骨文由"囧"（义为"窗户明亮,音 jiǒng）、"皿"构成。古代诸侯结盟时,需杀牲歃血,盛酒于器,向神发誓,所以从"皿"。有些字体从"血",也说得通。后常作"盟",以"明"为声旁。

甲骨文
金文
小篆
隶书
楷书
草书
行书
简化字

（同楷书）

孟 mèng

　　"孟"字由"子"（表义）、"皿"（在其他许多汉字中常表义，在这里表声）构成。本义是"兄弟姐妹中最长者"。《说文》："孟，长也。"引申为"每季中的第一个月"。又是姓氏。"孟子"即孟轲。

242

梦（夢）mèng

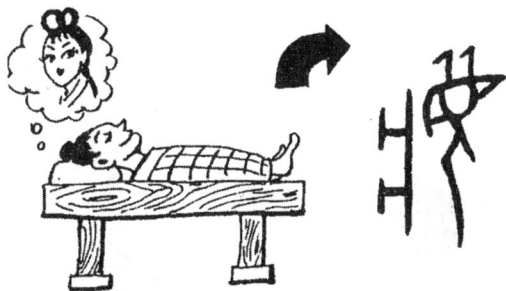

一个人躺在床上做梦（甲骨文有不少字把原型的物体竖起来写），他似乎睁眼"看到"了梦境中的事物。也作"癔"。《列子》："神遇为梦。"《诗经》："乃占我梦。"

战国文字

小篆

隶书

楷书

草书

行书

简化字

243

冕 miǎn

〔附〕免 miǎn

    "冕"原作"免",字形像一个人戴着特大的帽子。本义是"古代帝王、诸侯、卿大夫所戴的礼帽",如《三国志》:"今汝先人,皆有冠冕。"后来专指皇冠,如"加冕礼"。而"免"字则成为意义完全不同的另一个字。

（同楷书）

244

面（麵 麪）miàn

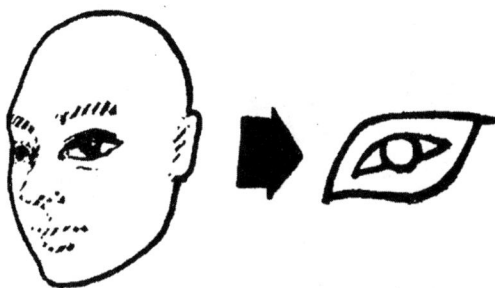

甲骨文"面"字简直像西方现代抽象派画家笔下的肖像画：只突出了一只眼睛，然后再加一个菱形的外框就成了。《说文》："面，颜前也。"简化字把"麵"（麪）合并为"面"。

甲骨文

金文

小篆

隶书

楷书

草书

行书

简化字

（同楷书）

苗 miáo

字由"艹"（草）和"田"组成，表示庄稼的幼苗正从田地里生长起来。本义是"初生的种子植物"。《诗经》："彼稷之苗。"《孟子》："恶莠恐其乱苗也。"引申为某些初生的动物，如"鱼苗"等。

（缺）	甲骨文
𦬊	金文
苗	小篆
苗	隶书
苗	楷书
苗	草书
苗	行书
（同楷书）	简化字

蔑（衊）miè

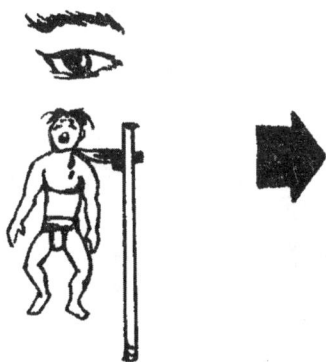

本义是"消灭"。字原由"眉"（表声）和"伐"（表义）构成。《国语》："今将大泯其宗祊，而蔑杀其民人。"韦昭注："蔑，犹灭也。"引申为"抛弃"、"轻视"、"欺侮"等义。简化字把"衊"也简为"蔑"。

甲骨文	
金文	
小篆	
隶书	
楷书	
草书	
行书	
简化字	（同楷书）

民 mín

〔附〕氓 méng

現代人可能想象不到"民"的本义竟是"奴隶"，而且是奴隶主用尖器刺盲俘虏的左眼之后强迫他们为奴的。金文的字形证明了这史实。后来指"百姓"。又写做"氓"。

甲骨文	（缺）
金文	
小篆	
隶书	
楷书	
草书	
行书	
简化字	（同楷书）

末 mò

本义是"树梢"。与"本"字相反（参见"本"字条）。金文"末"字中的指事符号是在树的末端，表明树梢所在。后来引申为"尽头"、"末尾"、"终了"、"最后"等义。

（缺）

（同楷书）

甲骨文

金文

小篆

隶书

楷书

草书

行书

简化字

牟 móu，mù

《说文》："牟，牛鸣也。从牛，象其声气从口出。"牛头上方的螺旋形符号，表现了由低到高的牛的长鸣。柳宗元《牛赋》："牟然而鸣。"现代汉语多用于"牟利"等词语。

某 mǒu

〔附〕梅 méi

　　"某"是"梅"的本字。字由"木"、"甘"构成，会意字。《说文》："某，酸果也。"徐灏注笺："'某'即今酸果'梅'字。因假借为'谁某'而为借义所专，遂假'梅'为之。""某"常用作指示代词，如"某人"、"某地"；还可指代自己。

（缺）

（同楷书）

| 甲骨文 |
| 金文 |
| 小篆 |
| 隶书 |
| 楷书 |
| 草书 |
| 行书 |
| 简化字 |

牡 mǔ

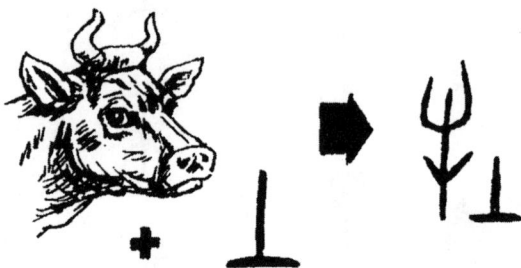

"牡"是雄性兽类的通称(雌性称为"牝")。甲骨文"丄"(土)为雄性符号,原可结合"牛"、"羊"、"马"、"豕"等成字;后统一为"牡"。《说文》:"牡,畜父也。"《诗经》:"祭以清酒,从以骍牡。"

甲骨文

金文

小篆

隶书

楷书

草书

行书

简化字

牡

牡

牡

牡

牡

(同楷书)

耐 nài

"耐"是古代的一种较轻的刑罚，即把有过失的官吏的颊须剃去，以示羞辱。字的左边是"而"，即颊毛(参见"而"字条)；右边是"寸"，同"又"，即手。《汉书》："令郎中有罪，耐以上请之。"后表示"受得住"等义。

（缺）

耏
耏
耐
耏
耐

（同楷书）

甲骨文

秦简文

小篆

隶书

楷书

草书

行书

简化字

能 néng

〔附〕熊 xióng

"能"是"熊"的本字。金文的字形像一只熊的样子。《左传》："今梦黄能入于寝门。"后来"能"字多用于"才能"、"贤能"、"能够"等义，于是另造"熊"字以表本义。

甲骨文

金文

小篆

隶书

楷书

草书

行书

简化字

（同楷书）

254

尼 ní

〔附〕昵(暱)nì

"尼"是"昵"(暱)的本字。字形是两人紧靠的情状。本义为"亲昵"、"亲近"。《尸子》："悦尼而来远。"《尚书》："典祀无丰于昵。"引申为"安"。后多指佛教中出家修行的女子。

尼
尼
尼
尼
尼
尼

（同楷书）

255

辇（輦）niǎn

金文

小篆

隶书

楷书

草书

行书

简化字

　　"辇"是人挽或推的车。早期金文的字形十分形象地表现了两人拉车的情景。《诗经》："我任我辇，我车我牛。"秦汉以后多专指帝王后妃乘坐的车。又引申为"运载"等义。

256

奴 nú

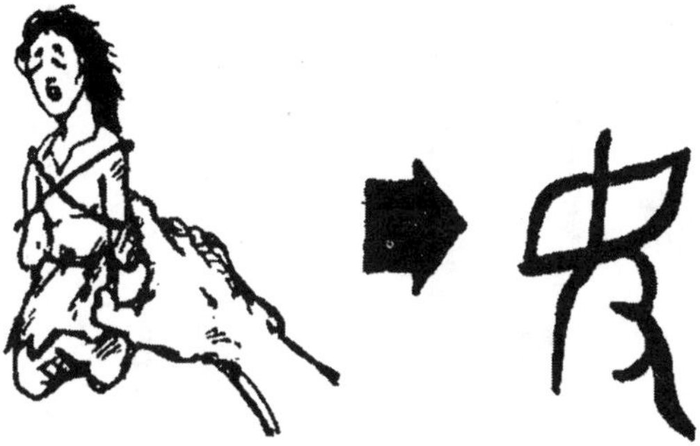

一只大手抓住了一个女子，迫她为奴。“奴”的本义是“奴隶”（不分男女）。《汉书》：“私铸作泉布（钱币）者，与妻子（妻儿）没入为官奴婢。”后多指“仆人”。

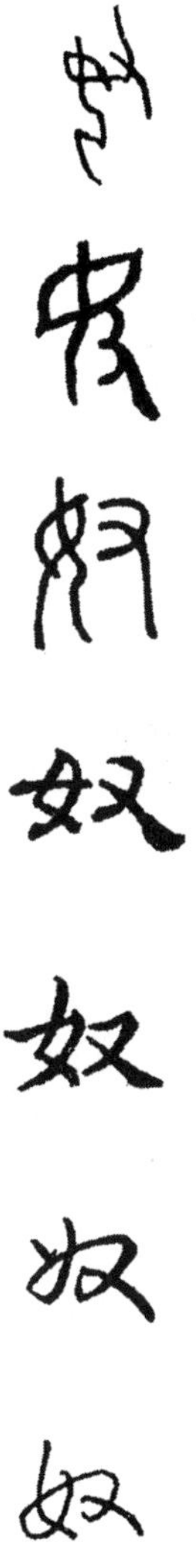

甲骨文
金文
小篆
隶书
楷书
草书
行书
简化字

（同楷书）

怒 nù

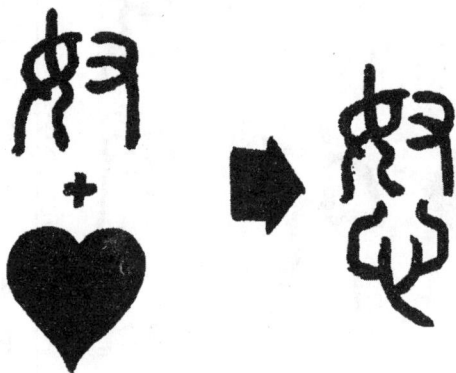

　　汉字中有大量形声字,例如这个上"奴"下"心"的字,不要误以为是"奴隶的心"。这是义为"生气"的"怒"字。《诗经》:"逢彼之怒。"引申为"气势盛"、"奋发"等义。

（缺）

（同楷书）

虐 nüè

本义是"残害"。《说文》："虐，残也。从虍，虎足反爪人也。"字形上面是虎头；下面是虎爪和一个小人。《尚书》："无虐茕独。"引申为"残暴"。《国语》："厉王虐，国人谤。"再引申为"过分"等。

（同楷书）

甲骨文

秦石文

小篆

隶书

楷书

草书

行书

简化字

偶 ǒu

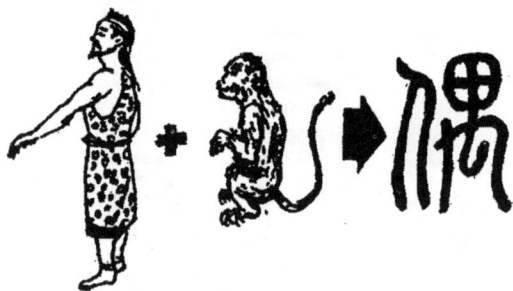

　　形声字。由"人"（表义）、"禺"（表音，义为长尾猴）构成。《说文》："偶，桐人也。"本义是"木或土制的人像"。《淮南子》："鲁以偶人葬而孔子叹。"引申为"同辈"、"配对"、"配偶"和"双数"等义。

甲骨文	（缺）
金文	禺
小篆	偶
隶书	偶
楷书	偶
草书	偶
行书	偶
简化字	（同楷书）

佩 pèi

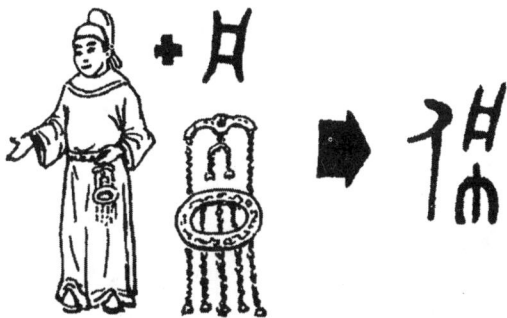

本义是"系在衣带上的装饰品"。"凡"表声；因为它属于衣着一类事物，所以用"巾"表义。《诗经》："青青子佩，悠悠我思。"引申为"佩带"、"携带"。再引申为"钦仰"等义。

（缺）

（同楷书）

甲骨文 金文 小篆 隶书 楷书 草书 行书 简化字

皮 pí

〔附〕彼 bǐ

本义指"剥皮"。也指"动植物的外皮"。金文的字形像一只手正在剥取一头死兽的皮的样子，死兽突出了它张大的嘴巴和凸起的皮。古也通"彼"。如马王堆汉墓帛书《老子甲本》："故去皮取此。"

匹 pǐ

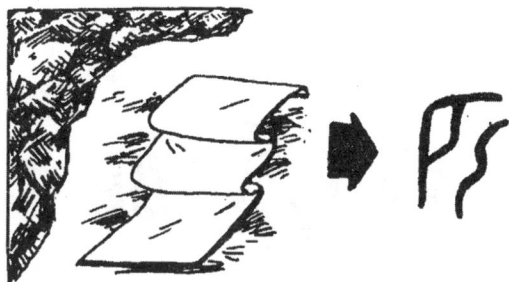

古代布匹的长度单位，合四丈。字形像在山崖下晒布。量布时往往从两头卷起，一匹有两卷，所以又有"匹偶"、"对手"等义。又为计算马的单位。

甲骨文

金文

小篆

隶书

楷书

草书

行书

简化字

（同楷书）

263

辟₂（闢）pì

　　金文的字形像一双手在开门，是会意字。小篆开始有"从门，辟声"的形声字。本义是"打开"、"开启"。《说文》："闢，开也。"引申为"开拓"、"排除"等义。简化字将之合并简化为"辟"。另见"辟₁"。

甲骨文
（缺）
金文
小篆
隶书
楷书
草书
行书
简化字

片 piàn

"片"字的本义是"剖木成扁而薄的东西"。甲骨文的字形像从"木"（树）的一半再剖分出两个（表示许多）薄片来的样子。现代汉语沿用此义，如"木片"、"竹片"、"名片"等；又用作量词。

（同楷书）

265

牝 pìn

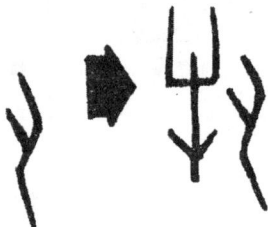

"牝"是雌性兽类的通称(雄性称为"牡")。甲骨文"匕"为雌性符号,原可结合"牛"、"羊"、"马"、"豕"等成字;后统一为"牝"。《说文》:"牝,畜母也。"《尚书》:"牝鸡无晨。"

甲骨文

牝
(缺)

金文

小篆

牝

隶书

牝

楷书

牝

草书

牝

行书

牝

简化字
(同楷书)

266

漆 qī

字原作"桼",像一棵树上有汁液滴下。《汉书》:"冶铜锢其内,桼塗其外。"另外,汉简常借"桼"为"七"。"漆"本是河名,渭水支流,在今陕西。后"漆"取代"桼"通行。

甲骨文

战国文字

小篆

隶书

楷书

草书

行书

简化字

（缺）

（同楷书）

267

妻 qī

女人的长发只有她的丈夫可以触摸，所以甲骨文用这样的情景来表示"妻"这个概念。不过，也可以从古代抢婚风俗来解释。《说文》："妻，妇与夫齐者也。"《诗经》："取（娶）妻如何？匪（非）媒不得。"

（同楷书）

甲骨文	
金文	
小篆	
隶书	
楷书	
草书	
行书	
简化字	

268

旗 qí

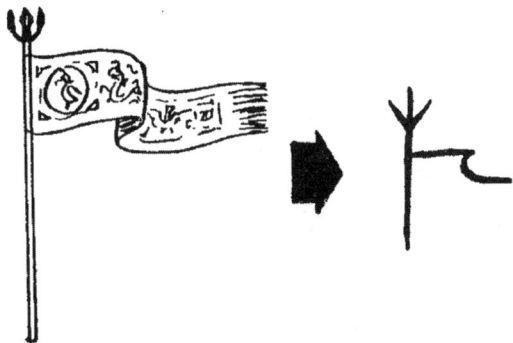

甲骨文"旗"字像一面旗。"旗"字还有"㫃"（旧读 yǎn）、"旂"（音 qí）等异体字。甲骨文"㫃"字显然是旗杆上飘着一面旗；金文以后加"斤"（斧子，表示武器）或"其"（表声）构成"旂"、"旗"，含义相同。

甲骨文 金文 小篆 隶书 楷书 草书 行书 简化字

（同楷书）

269

企 qǐ

一个人站立着，突出了他的大脚。本义是"踮起脚跟"。《说文》："企，举踵也。"也有"站立"义，现代汉语的有些方言仍以"企"为"站立"义。刘向《九叹》："登巉屼以长企兮。"引申为"盼望"、"希求"等义。

（同楷书）

甲骨文 金文 小篆 隶书 楷书 草书 行书 简化字

器 qì

金文"器"字中间是一只狗,旁边有四个"口"。有四"口"的汉字多有"喧哗"义,因此推测"器"字为"犾"(又作"狺")的初文。但本义早已不存,一般用于"器具"、"器官"等义。

(缺)

(同楷书)

甲骨文
金文
小篆
隶书
楷书
草书
行书
简化字

契 qì

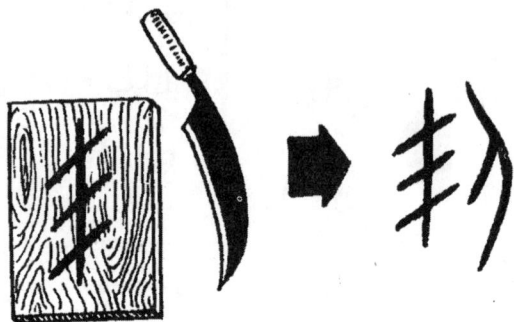

字原作"韧"，像用刀在竹木上面雕刻记号。杨统碑："镌石立碑，韧铭鸿烈。"本义是"用刀雕刻"。后加"大"或"木"。《诗经》："爰始爰谋，爰契我龟。"引申为"证明文书"、"兵符"、"投合"等义。

（同楷书）

甲骨文	
金文	
小篆	
隶书	
楷书	
草书	
行书	
简化字	

牵（牽）qiān

〔附〕纤（縴）qiàn

"牵"字由"玄"（可看作绳索，并表声）、"冂"（可看作牛栏）和"牛"构成，表示用绳子把牛从牛栏里牵拉出来。《尚书》："肇牵车牛，远服贾。"又指"拉船的绳索"，后作"縴"（纤）。

遣 qiǎn

甲骨文的字形像双手把一堆土（"𠂤"，参见"堆"字条）放入容器中的样子（也有只捧土的）。本是一种祭祀名。《集韵》："遣，祖奠也。"后加"辵"旁（表示行动），义为"释放"、"派遣"等。

（同楷书）

274

浅（淺）qiǎn

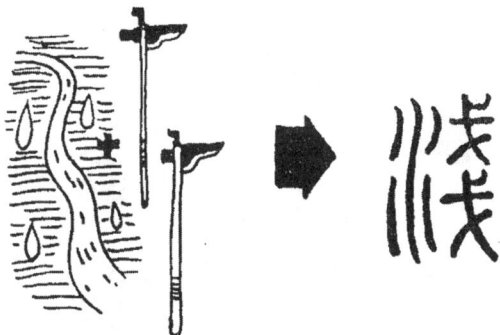

这是一个形声字。《说文》:"浅,不深也。从水,戋声。""戋"("戔")字像两把"戈"(古代兵器),本义是"残害",但这里只用作声符。《诗经》:"就其浅矣,泳之游之。"

（缺）

甲骨文

金文

小篆

隶书

楷书

草书

行书

简化字

275

墙（墻 牆）qiáng

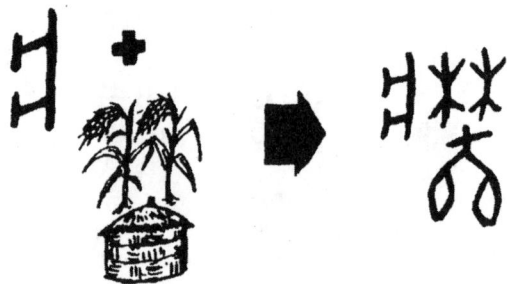

　　字由"啬"（"穑"本字，收获谷物。参见《汉字演变 500 例》"啬"字条）、"爿"（"床"本字，表音。参见"床"字条）构成，意思是筑墙把谷物保存起来。《说文》："墙，垣蔽也。"《诗经》："将仲子兮，无踰我墙。"

甲骨文

金文

小篆

隶书

楷书

草书

行书

简化字

276

乔（喬）qiáo

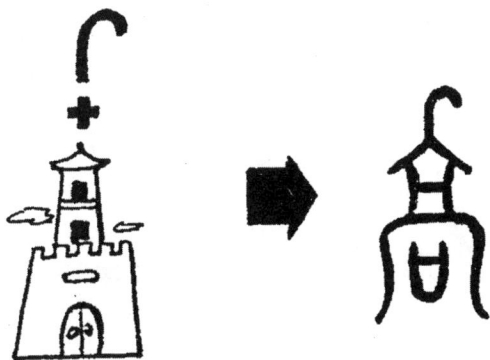

《说文》："乔，高而曲也。"金文有几种异体，其中与《说文》释文相近的是"高"字上端有一弯钩的字例。小篆讹变为"从夭，从高省"。《诗经》："出自幽谷，迁于乔木。"

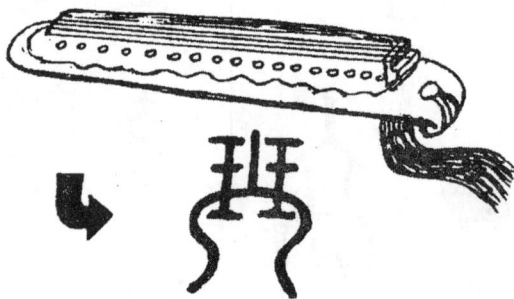

琴 qín

"琴"是一种古拨弦乐器,有七弦。原是象形字:拱形表示琴体,横线表示琴弦,中竖表示琴柱;后来加"金"或"今"表声。曹丕《燕歌行》:"援琴鸣弦发清商。"(参见"瑟"字条)。

青 qīng

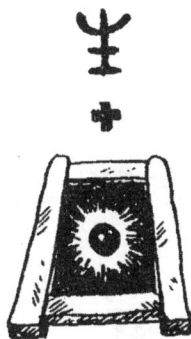

字原由"丹"(硃砂，表示颜色)、"生"(表音)构成。本义是"象物生时色也"(《释名》)，即春天草木萌发的绿色。又指蓝色，如"青天"；还可指黑色，如"青丝"(黑发)。引申为"年轻"义等。

(缺)

(同楷书)

279

顷（頃）qǐng

〔附〕倾（傾）qīng

"顷"是"倾"的本字。意思是"头不正也"（《说文》）。字由"匕"（"人"的反写）和"页"（人的头部）构成。引申为"倾斜"。马王堆汉墓帛书《十大经》："非德必顷。"

（缺）

甲骨文

秦简文

小篆

隶书

楷书

草书

行书

简化字

庆（慶）qìng

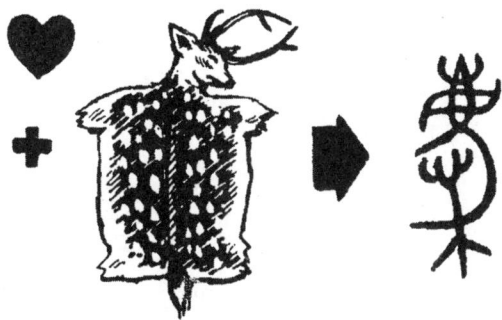

古人在祝贺别人喜庆的时候，常送鹿皮以表心意。因此，"庆"字原来是由"鹿"和"心"构成的。《说文》："……行贺人也。"本义是"祝贺"。《周礼》："有贺庆之礼。"引申为"善"、"福"等。

甲骨文

金文

小篆

隶书

楷书

草书

行书

简化字

281

磬 qìng

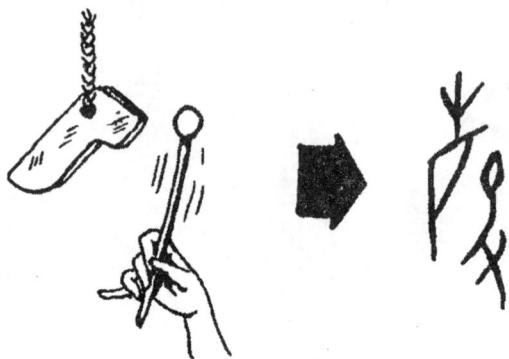

甲骨文的字形是手持小锤敲击着一个用绳子悬挂着的乐器——"磬"。小篆以后加"石",因为它多是用玉石制成的。《说文》:"磬,乐石也。"《史记》:"耳乐钟磬。"

（同楷书）

酋 qiú

本义是"掌酒官"。字由"八"、"酉"构成。"八"就是"分";"酉"就是"酒"。古代掌管与酒有关的工作、分酒给大家饮的人,称为"大酋"。后来引申为"部落的首领",现仍有"酋长"一词。

（缺）

甲骨文

金文 畓酋

小篆 酋

隶书 酋

楷书 酋

草书 酋

行书 酋

简化字 （同楷书）

283

瞿　qú，jù

　　原作"眀"。《说文》解释为"左右视也"。徐灏注笺："左右视者，惊恐之状。"本义是"惊视的样子"。后加"隹"（鸟类）为"瞿"，《说文》解释为"鹰隼之视也"。《庄子》："子綦瞿然喜曰……。"

（缺）

（同楷书）

284

然 rán

〔附〕燃 rán

"然"是"燃"的本字。本义是"燃烧"。《说文》:"然,烧也。"字由"火"、"犬"、"月"(即"肉")组成,意思是在火上烧烤狗肉。《孟子》:"若火之始然。"古籍多用作"许诺"、"如此"、"是"等义及虚词。

(缺)

	甲骨文
	金文
	小篆
	隶书
	楷书
	草书
	行书
	简化字

(同楷书)

仁 rén

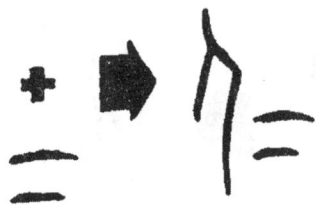

　　"仁"字由"人"、"二"构成。"二"可看作是重文符号,也代表"人";但又不与"从"(從)雷同。"仁"的本义是"对人亲善"。后来发展为含义广泛的道德范畴,如儒家提倡"仁爱"、"仁政"等。

甲骨文　金文　小篆　隶书　楷书　草书　行书　简化字

仁

（同楷书）

刃 rèn

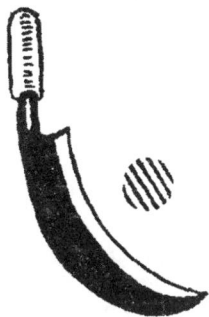

"刃"字的本义是"刀口",即刀、剑的锋利部分。这是一个典型的"指事字",刀刃处的小点就是指事符号。《尚书》:"锻乃戈矛,砺乃锋刃。"引申为"刀"、"剑"等。又引申为"杀"。

甲骨文	金文	小篆	隶书	楷书	草书	行书	简化字

（同楷书）

287

荣（榮）róng

〔附〕荧（熒）yíng 萤（螢）yíng

　　金文的字形显然是两把交叉着的火炬。这就是"荣"（"榮"）、"荧"（"熒"）二字的初文，它们原是一个字，本义是"明亮"。《释名》："荣，犹荧也。""荧"又同"萤"（"螢"），《尔雅》有"荧火"。

甲骨文	（缺）
金文	
小篆	
隶书	
楷书	
草书	
行书	
简化字	

288

容 róng

    "容"字的本义是"盛放"或"收藏"。较早的字形像把物品("口",参见《汉字演变500例》"品"、"区"字条)收放在穴洞一类地方。《说文》："容,盛也。"《诗经》："谁谓河广？曾不容刀。"又有"容量"、"容貌"等义。

甲骨文

金文

小篆

隶书

楷书

草书

行书

简化字

（同楷书）

肉 ròu

甲骨文"肉"字像一块切好的肉。金文和小篆字形似"月",上面的斜线像肌肉的纹理。隶书以后就不象形了。作为偏旁,"肉"旁与"月"旁已混同起来,只有从字义和字源上才能推断。

（同楷书）

乳 rǔ

甲骨文"乳"字真是一幅艺术杰作,寥寥数笔就把母亲给孩子哺乳的情景包括细节刻画入微。本义是"生孩子"。《广雅》:"乳,生也。"又有"乳房"、"乳汁"、"喂乳"等义。

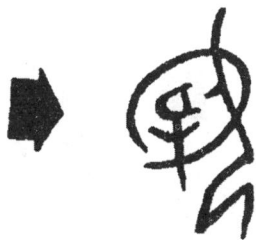

(同楷书)

甲骨文	
秦简文	
小篆	
隶书	
楷书	
草书	
行书	
简化字	

弱 ruò

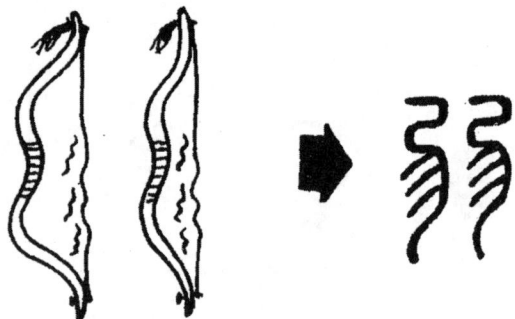

古汉字有一个"弜"字，像两把弓放在一起，义为"强"，音 jiàng；那么，如果弓弦都已松散（用几道斜线表示），则是"弱"。本义为"差"、"微薄"。引申为"纤柔"、"削弱"、"衰败"等义。

甲骨文	（缺）
金文	（缺）
小篆	弱
隶书	弱
楷书	弱
草书	弱
行书	弱
简化字	（同楷书）

散 sàn，sǎn

　　"散"字原由"林"（pài，麻，不是"林"）、"攵"（pū，小击）构成。金文的字形像以手持棍把麻条轻打，使之松散。也有加"月"的，表示夜晚劳作。本义是"分离"、"分散"，与"聚"相对。

甲骨文
金文
小篆
隶书
楷书
草书
行书
简化字

（同楷书）

瑟 sè

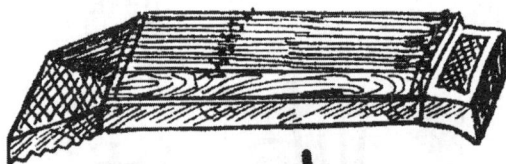

"瑟"是一种古拨弦乐器。形似古琴,通常有二十五弦。常与琴并称"琴瑟"。字形中间"大"或"人"形表示琴身,横线表示琴弦;后加"必"表声。《诗经》:"我有嘉宾,鼓瑟鼓琴。"(参见"琴"字条)

（缺）

（同楷书）

甲骨文

说文『古文』

小篆

隶书

楷书

草书

行书

简化字

森 sēn

字由三"木"构成,形容树木多。《说文》:"森,木多貌。"左思《蜀都赋》:"弹言鸟于森木。"引申为"众多"、"繁密"。《后汉书》:"百神森其备从兮。"又有"阴暗"义。

(缺)	甲骨文
	金文
	小篆
	隶书
	楷书
	草书
	行书
(同楷书)	简化字

杀（殺）shā

一头野兽的头部中了利器，尾巴垂了下来，它被杀死了。这就是甲骨文"杀"字的字形。小篆以后又加"殳"（武器）为义符。本义是"杀死"。《说文》："杀，戮也。"《论语》："有杀身以成仁。"

甲骨文

金文

小篆

隶书

楷书

草书

行书

简化字

296

沙 shā

　　初文作"少"(参见《汉字演变500例》"少"字条)。后加"水"造"沙"字。《说文》:"沙,水散石也。"段玉裁注:"石散碎谓之沙。"《史记》:"韩信乃夜令人为万馀囊,满盛沙,壅水上流。"引申为"沙滩"、"沙漠"等。

(同楷书)

甲骨文

金文

小篆

隶书

楷书

草书

行书

简化字

膻（羴羶）shān

字原作"羴"。本义是指羊的气味。甲骨文的字形由二至四只"羊"构成,形容这种气味的浓烈。后又造形声字"羶"。另有异体字"膻",原有"袒露"义。现以"膻"为规范字体。

（缺）

羴 羴 羶 羶 羶 膻

善 shàn

〔附〕膳 shàn

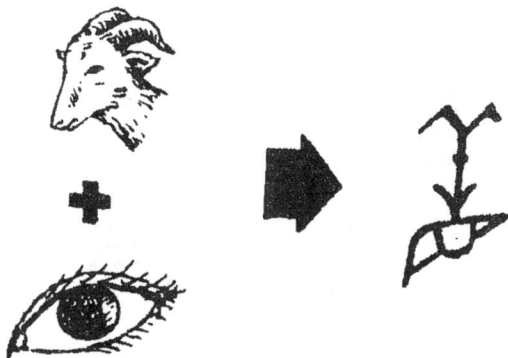

甲骨文"善"字从"羊"(即"祥")从"目",表示看来十分美好。金文"善"的下部变为二"言",表示两人用吉祥的话交谈。《论语》:"子谓《韶》尽美矣,又尽善也。"又通"膳"。

（同楷书）

甲骨文

金文

小篆

隶书

楷书

草书

行书

简化字

尚 shàng

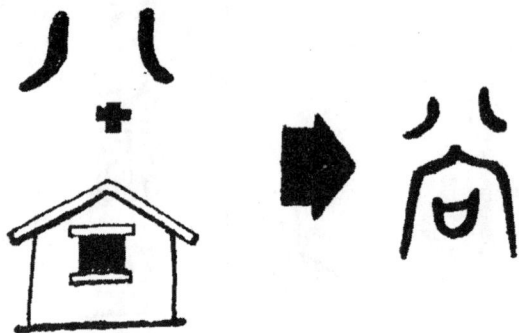

本义是"增加"。《说文》:"尚,曾也。"徐灏注笺:"曾犹重也,亦加也。"字由"八"(表示分东西给人,使之增加)、"向"(表声)构成。《尚书》:"廸简在王庭,尚尔事。"又通"上"。

（同楷书）

300

勺 sháo

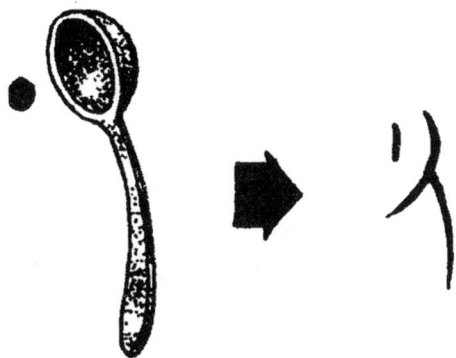

　　"勺"是古人舀酒的用具。字形像一把勺子,小点是指事符号,表示可以舀物。《说文》:"勺,挹取也。"《玉篇》:"勺,酒器也。"又,甲骨卜辞用作祭名,即"礿"(yuè)。

甲骨文

金文

小篆

隶书

楷书

草书

行书

简化字

（同楷书）

舍（捨）shè，shě

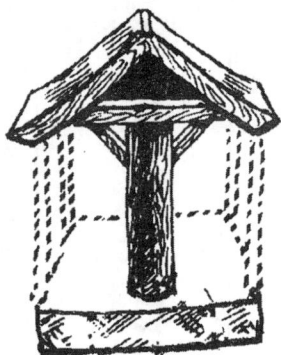 

  "舍"的本义是"客馆"。这是一种较简易的屋子,所以只用屋顶、大柱、横梁和基石来表示。《逸周书》:"……十里有井,二十里有舍。"用作"舍弃"等义时读 shě,后作"捨"。现又合并为"舍"。

社 shè

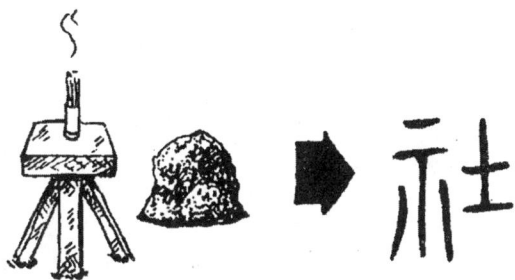

　　"社"字的本义是"土地之神"。甲骨卜辞以"土"为"社",如:"贞(卜问):尞(燎)于土(社)?"《吕氏春秋》:"以供皇天上帝社稷之享。"后为地方基层行政单位,"二十五家"或"方六里"为"社"。

甲骨文	𝤴
金文	社
小篆	社
隶书	社
楷书	社
草书	社
行书	社
简化字	(同楷书)

303

审（審）shěn

在一间房屋里（"宀"）发现了野兽的足迹（"釆"，参见"番"字条），于是人们纷纷议论（"口"），要弄清情况。本义是"考察"、"研究"。《尚书》："其罪惟均，其审克之。"

（缺）	甲骨文
𡧛	古玺文
審	小篆
審	隶书
審	楷书
審	草书
審	行书
审	简化字

甚 shèn

本义是"过分安乐"。金文"甚"字的上部是"甘"（甜）；下部是一个盛着食物的大勺。《老子》："是以圣人去甚，去奢，去泰。"后引申为"厉害"、"过分"、"超过"、"很"等义。

声（聲）shēng

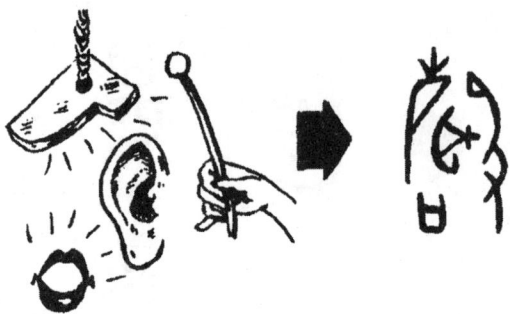

　　从甲骨文的字形看，"声"字的确是一个很"热闹"的字：一只手拿着小锤敲击古乐器"磬"（参见"磬"字条）；一个嘴巴在唱着歌；"耳"被包围在中间，饱听着这些声音。

（缺）

金文

小篆

隶书

楷书

草书

行书

简化字

牲 shēng

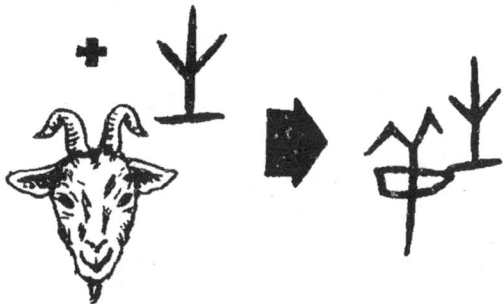

"牲"的本义是"供祭祀用的全牛"。"生"是声旁。由于甲骨文中兽畜类的形旁往往可以互换,现见最早的字形从"羊";金文以后才固定为"牛"。后泛指供祭祀和食用的各种家畜。

甲骨文 金文 小篆 隶书 楷书 草书 行书 简化字

(同楷书)

307

师（師）shī

  "师"的本义为"军队"。驻军多在小山上，所以甲、金文多以"𠂤"（同"堆"，小土山）为"师"；金文也有以"帀"（同"匝"，环绕一周）为"师"的，并已出现"師"字。《说文》："师，二千五百人为师。"

𠂤	甲骨文
𠂤币	金文
師	小篆
師	隶书
師	楷书
师	草书
师	行书
师	简化字

308

失 shī

从战国文字的字形,可以看出"失"字的字形像是"手"的下侧掉下一件物品来。本义是"失去"。但是后来的各种字体就难以看出其来由了。《易经》:"王用三驱,失前禽。"

（缺）

甲骨文

战国文字

小篆

隶书

楷书

草书

行书

（同楷书）

简化字

湿（溼 濕）shī

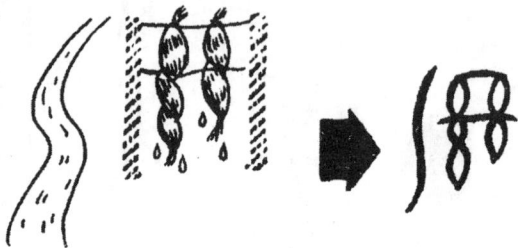

　　本文是"潮湿"。甲骨文和金文的字形像晒丝时旁边有水。小篆开始加"土"成"溼"字。汉隶之后多写做"濕"，二字无别。《庄子》："上漏下溼。"《易经》："水流濕,火就燥。"简化字作"湿"。

实（實）shí

  金文的字形由"宀"（房屋）、"田"（田地）和"贝"（财富，古人以贝为货币）构成，意思是"富裕"。小篆以后"田、贝"演变为"贯"，也可解。《汉书》："食足货通，然后国实民富。"

（缺）

甲骨文	金文	小篆	隶书	楷书	草书	行书	简化字
（缺）	賨 賨	賨	實	實	実	窋	实

世 shì

[附]叶(葉)yè

"世"是"葉"[叶]的初文。金文的字形像几片相连的树叶的样子。因为年年枯叶飘零，新叶萌发，有如人世，所以用以譬喻。旧说三十年为一"世"，或父子相继为一"世"。

（缺）

（同楷书）

是 shì

本义为"正"、"直"。《说文》："是，直也。"《易经》："濡其首，有孚失是。"集解："是，正也。"金文"是"字上部似是日晷之类跟太阳有关的事物；下部原是"止"（后变为"正"），表示循着正确的方向走。

（缺）

（同楷书）

| 甲骨文 |
| 金文 |
| 小篆 |
| 隶书 |
| 楷书 |
| 草书 |
| 行书 |
| 简化字 |

士 shì

〔附〕仕 shì

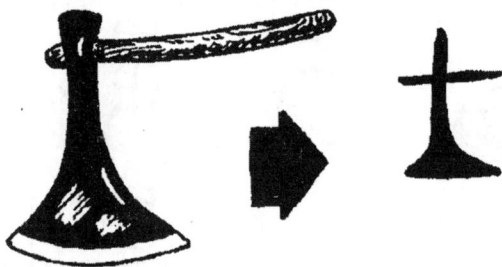

　　"士"的称谓经历过许多变化。据古籍记载，早在五帝时代的"士"是治狱的刑官。《尚书》："汝作士，五刑有服。"金文的字形显然是一把大斧，那是刑官的象征。又通"仕"，义为"做官"。

甲骨文

金文

小篆

隶书

楷书

草书

行书

简化字

（同楷书）

视（視）shì

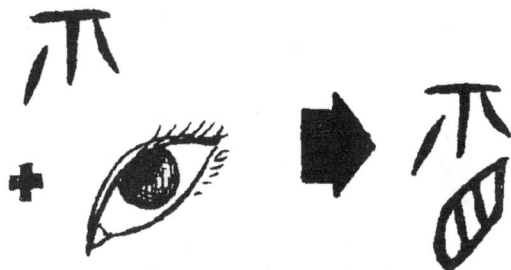

在许多汉字中，"示"常作为形旁（义符）出现；而在"视"字中，它却是一个声旁（声符）。本义是"看"。《韩非子》："鸟以数十目视人，人以二目视鸟。"引申为"审察"、"看待"等义。

甲骨文

说文「古文」

小篆

隶书

楷书

草书

行书

简化字

筮 shì

古人用蓍草占卦以卜吉凶。金文"筮"字的中间是"巫",这是巫师占卜时的竹制道具,所以上面加"竹";下面是两只手。《诗经》:"尔卜尔筮,体无咎言。"

(缺)

甲骨文

金文

小篆

隶书

楷书

草书

行书

简化字

(同楷书)

316

收 shōu

（缺）

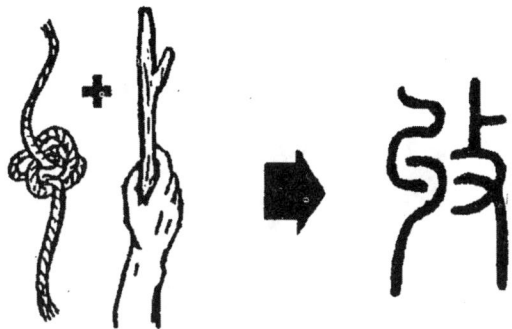

"收"的本义是"逮捕"、"拘押"。字由"攴"（pū，义为"扑击"，像手持木棒打人，表义）、"丩"（即"纠"字，表声）构成。《说文》："收，捕也。"《诗经》："此宜无罪，女（汝）反收之。"

（同楷书）

甲骨文

三体石经

小篆

隶书

楷书

草书

行书

简化字

317

手 shǒu

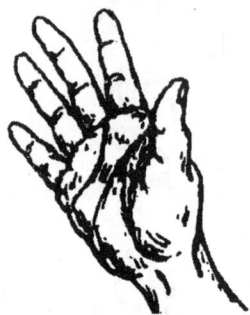

金文"手"字的字形是一只手的样子；但已不是图画，而是"符号化"了。《诗经》："执子之手，与之偕老。"引申为"手艺"、"亲手"、"专精某一技艺或专司某业的人"等义。

（缺）

（同楷书）

| 甲骨文 |
| 金文 |
| 小篆 |
| 隶书 |
| 楷书 |
| 草书 |
| 行书 |
| 简化字 |

318

守 shǒu

"守"字的本义为"保护"、"防卫"。"宀"是房屋;"寸"或"又"是手,会意字。《易经》:"王公设险以守其国。"引申为"掌管"、"保持"、"遵行"、"等候"、"节操"等多种义项。

（缺）

甲骨文

金文

小篆

隶书

楷书

草书

行书

简化字

（同楷书）

寿（壽）shòu

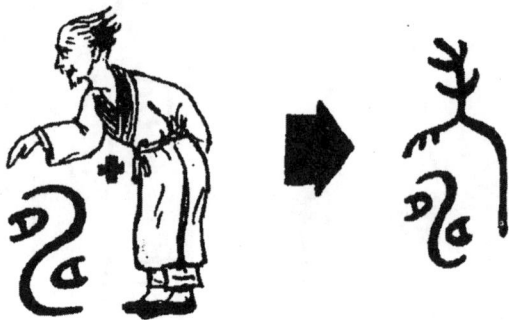

这个字古今各体的异体很多,但其基本结构是由"老"(表义。参见《汉字演变 500 例》"老"字条)和"弖"(即"畴"字,表声。参见"畴"字条)组成。本义是"年老"。引申为"长寿"、"寿命"、"生日"等义。

（缺）

甲骨文

金文

小篆

隶书

楷书

草书

行书

简化字

320

书（書）shū

形声字。以"聿"（笔）为形旁（义符）；以"者"（古音近"诸"）为声旁（声符）。本义为"书写"、"记载"。《礼记》："动则左史书之，言则右史书之。"引申为"书籍"、"文字"、"书法"、"书信"等。

（缺）

叔 shū

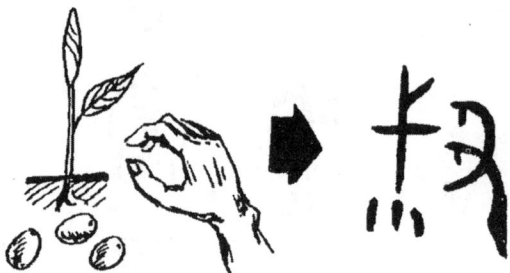

　　"叔"的本义是"拾取"。《说文》："叔,拾也。"金文的字形像一只手在豆株(参见"菽"字条)下面拾豆粒的样子。《诗经》："九月叔苴。"后来借为叔伯的"叔"("叔"的另一字形见"吊"字条)。

(缺)

叔

叔

叔

叔

叔

(同楷书)

菽 shū

　　字原作"尗"，像豆的嫩芽破土而出的情景。《说文》："尗，豆也。"字义是"豆类的总称"。《说文通训定声》："古谓之尗，汉谓之豆。今字作菽。"《后汉书》："野谷旅生，麻尗尤盛。"

323

殳 shū

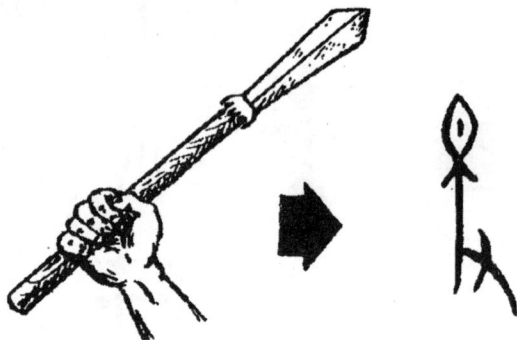

"殳"是古代兵器名,以竹或木制成,长一丈二尺,一端有棱,无刃。也作"杸"。《诗经》:"伯也执殳,为王前驱。"《淮南子》:"昔武王……撝筊杖殳以临朝。"

(同楷书)

孰 shú

〔附〕熟 shú

　　"孰"是"熟"的本字。甲骨文的字形是一个人在一座祭祀祖先的宗庙前供献熟食的样子。金文"享"下的"女"是"夂"（人足状）的讹变。后来"孰"多用作代词,于是加"火"另造"熟"字。

（同楷书）

325

鼠 shǔ

　　甲骨文"鼠"字是一个十分形象生动的象形字：尖嘴，利齿，弓背，短腿，长尾；身旁还有吃剩的食物残渣。《说文》："鼠，穴虫之总名也。"

甲骨文
金文
小篆
隶书
楷书
草书
行书
简化字

（同楷书）

326

树（樹）shù

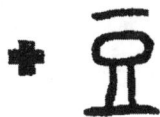

本义是"种"、"植"。《广雅》："树，种也。"现在能看到的最早的字例都是手持树苗栽种的情景；以"豆"表声。《诗经》："荏染柔木，君子树之。""树"又是木本植物的总称。

庶 shù

〔附〕煮 zhǔ

"庶"是"煮"的本字。字形像在山崖（"厂"）下有一口锅（"口"），锅下有"火"，正在煮着食物。后来"厂"讹变为"广"、"口"变为"甘"、"火"变为"灬"，遂不可解。"庶"又有"众多"、"肥美"等义。

甲骨文

金文

小篆

隶书

楷书

草书

行书

简化字

庶 庶 庶 庶 庶 庶

（同楷书）

衰 shuāi

〔附〕蓑 suō

（缺）

金文

小篆

隶书

楷书

草书

行书

简化字

（同楷书）

"衰"是"蓑"的本字。《说文》："衰，艸（草）雨衣。"这是一个象形字，字形原来像一件用草、棕或树叶编成的雨衣。后来本义罕用，多借为"衰落"、"衰微"、"衰退"等义。

329

帅（帥）shuài

〔附〕帨 shuì

《说文》："帅，佩巾也。……帨，帅或从兑……。"甲骨文的字形像双手拿着一条拭巾（侧面形）的样子。金文开始加"巾"旁。后来"帅"多用于"统帅"、"率领"义，于是另造"帨"字。

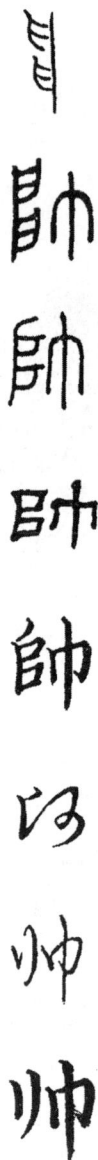

甲骨文	
金文	
小篆	
隶书	
楷书	
草书	
行书	
简化字	

双（雙）shuāng

一只手抓住一只鸟（"隹"）是"隻"（同"獲"[获]，参阅《汉字演变500例》"获"字条）；一只手抓住两只鸟就是"雙"（双）。本义是"两只禽鸟"。《左传》："公膳日双鸡。"后泛指其他事物的"一对"。《史记》："我持白璧一双，欲献项王。"

爽 shuǎng

本义是"明亮"。甲骨文的字形像一个直立的人，左右有火盆或灯盏；不过后来变形较多，很难看出它的原来的含义。《尚书》："甲子昧爽，王朝至于商郊牧野，乃誓。""昧爽"即"早晨"。

甲骨文

金文

小篆

隶书

楷书

草书

行书

简化字

（同楷书）

顺（順）shùn

　　这是一个形声字："页"是人的头部（参见《汉字演变 500 例》"页"字条），表义；"巛"同"川"，又同"馨"（shùn，梳下的头发），表音。本义是"顺从"或"顺应"。《易经》："小人革面，顺以从君也。"

甲骨文	（缺）
金文	
小篆	
隶书	
楷书	
草书	
行书	
简化字	

333

硕（碩）shuò

　　"硕"的本义是"大头也"（《说文》）。"页"是人的头部；"石"表音。引申指其他事物的"大"。《易经》："硕果不食。"《诗经》："硕人其颀，衣锦褧衣。"又："硕鼠硕鼠，无食我黍。"

（缺）	甲骨文
頎	金文
頎	小篆
碩	隶书
硕	楷书
硕	草书
硕	行书
硕	简化字

334

思 Sī

 **+**

字的上部原来不是"田"，而是"囟"（囟门，代表大脑。参见"囟"字条），下部是"心"。古人认为大脑和心脏都是思维器官。"思"的本义是"思考"。《论语》："学而不思则罔，思而不学则殆。"

（缺）

思

（同楷书）

私 sī

自私的"私"原作"厶"。《说文》："厶,奸邪也。韩非曰:'苍颉作字,自营为厶'。"小篆开始出现"私"字,这本是一种谷类的名称,如《诗经》:"播厥百谷,骏发尔私。"但是"今字'私'行而'厶'废矣"(《说文解字注》)。

336

斯 sī

斯 + 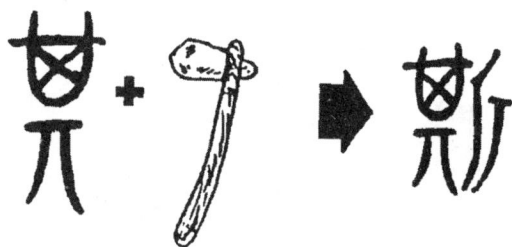 ➡ 斯

本义是"劈开"。《说文》:"斯,析也。从斤,其声。""斤"就是"斧"(参见《汉字演变 500 例》"斤"字条)。《诗经》:"墓门有棘,斧以斯之。"引申为"分散"、"离开"、"扯裂"等义;并用作虚词。

甲骨文	(缺)
金文	斯
小篆	斯
隶书	斯
楷书	斯
草书	斯
行书	斯
简化字	(同楷书)

寺 sì

〔附〕持 chí 恃 shì

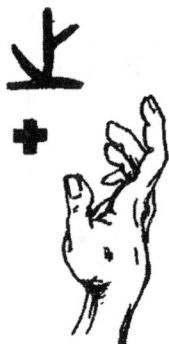

"寺"是"持"的本字。《石鼓文》："弓兹以寺。"马王堆汉墓帛书《十大经》："除民之所害，而寺民之所宜。"皆"持"义。后作官署名；尤多指佛教的庙宇。又通"恃"。

甲骨文	金文	小篆	隶书	楷书	草书	行书	简化字
（缺）							（同楷书）

338

嗣 sì

本义是"继承君位"。古代的君王一般传位于长子，所以甲骨文从"册"、"大"、"子"，意思是册封长子为嗣君。金文改为从"口"、"册"；"司"声。《盂鼎》："令女（汝）盂井乃嗣且（祖）南公。"

金文

小篆

隶书

楷书

草书

行书

简化字

（同楷书）

339

巳 sì

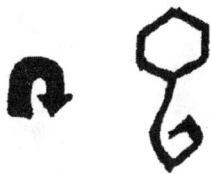

本义是"胎儿"。《说文通训定声》:"未生在腹为'巳'。"字形像一个在母腹中的胎儿,脑子很大,身体是蜷曲的;但头向上,与实际不符。后来借为地支第六位名称,可用以纪年、月、日或时。

| 甲骨文 |
| 金文 |
| 小篆 |
| 隶书 |
| 楷书 |
| 草书 |
| 行书 |
| 简化字 |

(同楷书)

340

兕 sì

　　"兕"字古代指"犀牛"。又作"兕"。《说文》:"兕,如野牛而青,象形。"《尔雅》:"兕,似牛。"郭璞注:"一角,青色,重千斤。"甲骨卜辞:"获白兕。"《论语》:"虎兕出于柙。"

（同楷书）

送 sòng

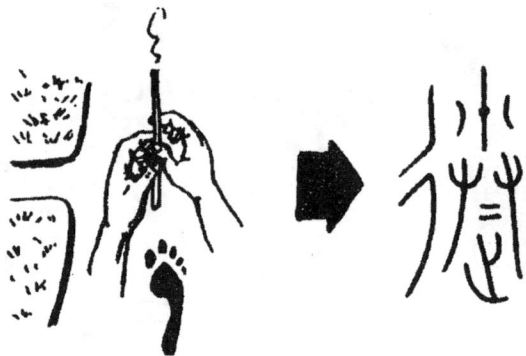

"送"字原由"弅"(《玉篇》:"弅,火种")、"彳"和"止"("彳"、"止"后变成"辵",表示行动)构成。古人十分珍惜火种,以之送人表现了深厚的情谊。《诗经》:"之子于归,远送于野。"

宋 sòng

"宋"的本义是"居也"(《说文》)。人们要安居,就离不开用木材盖房屋、做家具,因此"宀"(房屋)内存放着"木"(也可以看作是"松"的省声)。本义早已不存,常用于专有名词。

(同楷书)

343

叟 sǒu

〔附〕搜 sōu

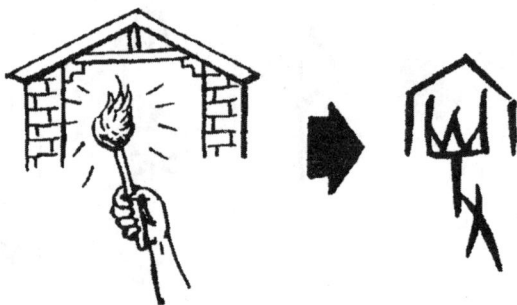

"叟"是"搜"的本字。又作"㛜"。《说文通训定声》:"㛜,即搜之古文。"甲骨文"叟"字像一只手举着火把在屋内搜寻东西。古籍常借以称说年老的男人。《说文》:"叟,老也。"

（同楷书）

素 sù

本义是"本色的生帛"。由于生帛较粗,易下垂,所以金文和小篆"素"字的上部表示了这一特点。《古诗为焦仲卿妻作》:"十三能织素,十四学裁衣。"引申的"本色"、"白色"、"本质"、"质朴"等义。

（同楷书）

345

粟 sù

　　"粟"在古代泛指谷类。《说文》："粟,嘉谷实也。"段玉裁注:"古者民食莫重于禾黍,故谓之嘉谷。……嘉谷之实曰粟。"《尚书》:"散鹿台之财,发钜桥之粟。"后专指谷子。

甲骨文

籀文

小篆

隶书

楷书

草书

行书

简化字

（同楷书）

肃（肅）sù

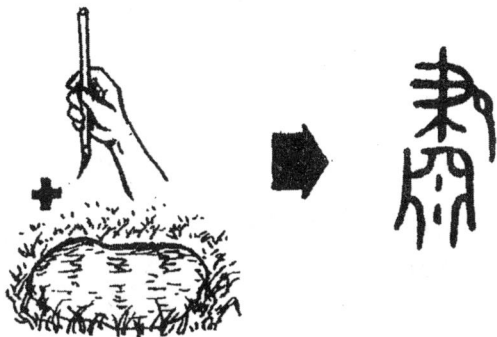

《说文》："肃,持事振敬也。从聿在冊上,战战兢兢也。""聿"是"笔"（参见《汉字演变500例》"聿"字条）,代表做事;"冊"即"渊"（参见《汉字演变500例》"渊"字条）。意思是:凡事要庄敬谨慎,就像在深潭边走路一样。

虽（雖）suī

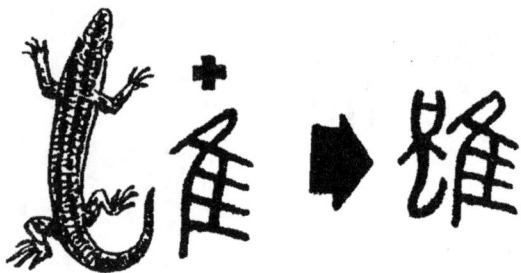

　　"隹"在许多汉字中作为禽鸟类的形旁（义符）出现；但是它在"雖"[虽]字中被当作声旁（声符），用来表示另一种动物——"大蜥蜴"。《说文》："雖[虽]，似蜥蜴而大。"一说为"水蜥蜴"。后常借为虚词。

雖	甲骨文
雖	金文
雖	小篆
雖	隶书
雖	楷书
虽	草书
	行书
虽	简化字

所 suǒ

"所"字由"户"（声旁）、"斤"（形旁）构成。《说文》："所，伐木声也。《诗》曰：'伐木所所'。"按，今传本《诗经》的《小雅·伐木》篇作"伐木许许"。"许"古音与"户"音近。后借为"处所"等义及虚词。

甲骨文

金文

小篆

隶书

楷书

草书

行书

简化字

它（牠）tā

〔附〕蛇 shé

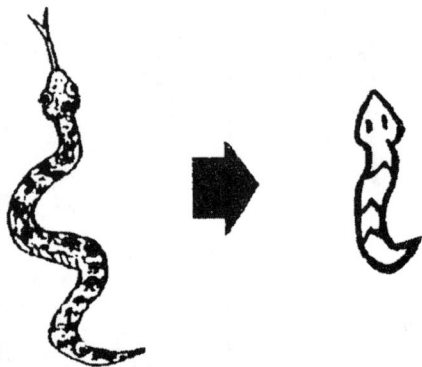

"它"是"蛇"的本字。《说文》："它，虫也。从虫而长，象冤曲垂尾形。上古艸[草]居患它，故相问：'无它乎？'。蛇，它或从虫。"《玉篇》："它，蛇也。"后多用作代词。简化字把"它"、"牠"合并为"它"。

（同楷书）

甲骨文　金文　小篆　隶书　楷书　草书　行书　简化字

台（臺檯颱）tái

〔附〕怡 yí

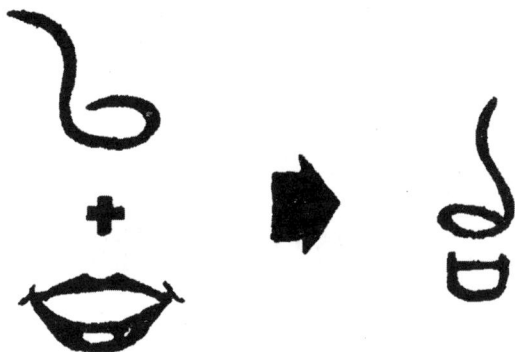

　　这个只有五笔的字竟然也是一个形声字："口"表义；"目"（即"以"字。参见"以"字条）表声。"台"是"怡"的本字。《说文》："台，说（悦）也。"石鼓文："台尔多贤。"简化字把"臺"、"檯"、"颱"也合并为"台"。

（缺）

（同楷书）

泰 tài

〔附〕汰 tài 汏 dà 太 tài

　　"泰"的本义是"洗濯"。同"汰"、"汏"。字像一双手在水上洗濯的样子；上方"大"是声符。古籍常用于"通达"、"安定"、"美好"、"宽裕"、"极大"等义。也通"太"。有时被写做"太"。

352

堂 táng

尚 + [石]　➡　堂

"堂"字的本义是"人工筑成的方形土台"，即"坛"（壇）。字从"土"，"尚"声（但字形有所省简）。《礼记》："吾见封之若堂者矣。"或指"屋基"。《玉篇》："堂，土为屋基也。"后世也称殿为"堂"。

（缺）

（同楷书）

甲骨文
金文
小篆
隶书
楷书
草书
行书
简化字

353

唐 táng

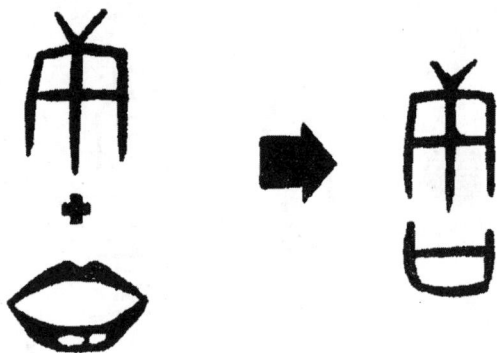

　　"唐"是一个形声字:"口"表义;"庚"表声(参见《汉字演变 500 例》"庚"字条)。《说文》:"唐,大言也。从口,庚声。"本义是"讲大话"。《庄子》:"荒唐之言。"引申为"广大貌"。《论衡》:"故唐之为言荡荡也。"

（同楷书）

陶 táo

原作"匋"。金文的字形像一个人弯身伸手,正在用一把杵制作瓦器的样子。本义是"瓦器"。后加"阜"(左"阝"),意为从土山取陶土制器。引申为"化育"、"培养"、"喜悦"等。

(缺)

(同楷书)

355

惕 tì

+

➡

字由"心"（表义）和"易"（表声）构成。本义是"警惕"、"戒惧"。《尚书》："不惕予一人。"《左传》："无日不惕，岂敢忘职。"又有"恭敬"、"忧伤"等义。

替 tì

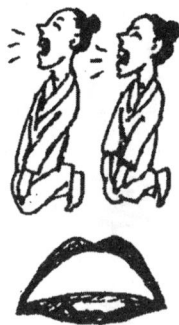

本义是"松弛"、"怠懒"。金文字形像两个人在打呵欠,并突出一张大嘴,表示非常疲乏的样子。《集韵》:"替,弛也。"《汉书》注:"替,废惰也。"引申为"废弃"、"衰败"、"更代"等义。

（缺）

（同楷书）

亭 tíng

〔附〕停 tíng

"亭"字的构成是"从高省,丁声"（《说文》），即以"高"表义，但字形有所省简；以"丁"表声。本义是古代设在道旁供旅客停留休息的处所。李白《菩萨蛮》："何处是归程？长亭连短亭。"通"停"。

（缺）

	甲骨文
	古陶文
	小篆
	隶书
	楷书
	草书
	行书
（同楷书）	简化字

廷 tíng

〔附〕庭 tíng

"廷"是"庭"的本字。本义是"庭院"。字形像一个人弯腰搬运土石，正在一所建筑物的基础部分前面劳动。《诗经》："子有廷内，不洒不扫。"后引申为"朝廷"、"官署"等义。

（缺）

（同楷书）

甲骨文

金文

小篆

隶书

楷书

草书

行书

简化字

童（僮） tóng

〔附〕瞳 tóng

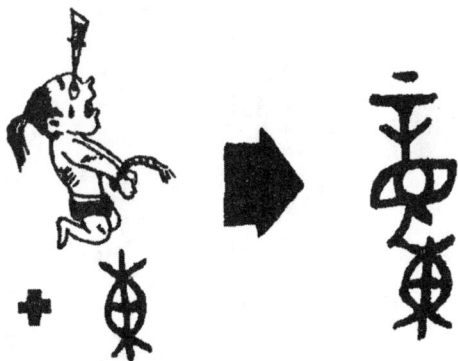

本义是"男奴"。早期金文的字形，上部像用一把刑刀（参见《汉字演变 500 例》"辛"字条）把一个人的眼睛刺瞎，迫他为奴；字的下部是"东"，表声。后来"童"多指"小孩"，于是另造"僮"字以表原义。又通"瞳"，如"童（瞳）子"。

（缺）

甲骨文

金文

小篆

隶书

楷书

草书

行书

简化字

（同楷书）

彤 tóng

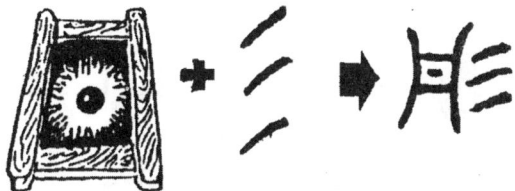

《说文》："彤,丹饰也。"就是用红色涂饰器物。字由"丹"(硃砂,红色)和"彡"(表示光彩的符号)构成。《左传》："器不彤镂。"又有"赤红色"义。《诗经》："静女其娈,贻我彤管。"

（缺）

（同楷书）

361

突 tū

　　一只狗猛地从洞穴里冲出来咬人,本义是"冲撞"、"冲击"。引申为"突然"等义。《易经》:"突如其来如。"《三国志》:"……复还突围拔出馀众。"现仍有"突围"一词。

362

甲骨文

金文

小篆

隶书

楷书

草书

行书

简化字

(同楷书)

图（圖）tú

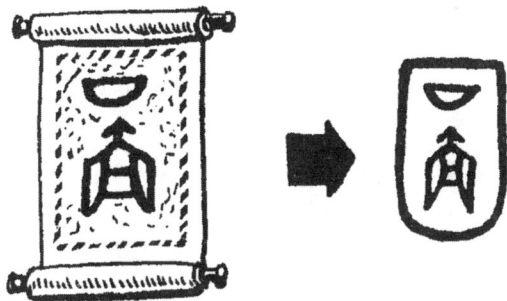

（缺）

金文

小篆

隶书

楷书

草书

行书

简化字

　　"图"的本义是"地图"。"囗"表示图框；"啚"即"鄙"字，义为边远的地方（参见《汉字演变500例》"鄙"字条）。把边鄙地区都包括在内，也就是国之版图。《周礼》："职方氏掌天下之图，以掌天下之地。"

退 tuì

字原为"彳"旁,与"辵"义同,表示动作;"日"表示时间;"夂"是"止"("趾",足)的倒写,有后退或下降义。合起来是应该回头走的时候了。本义是"退却"、"离去"或"返回"。《仪礼》:"主人退。"

(缺)	甲骨文
𢓆	说文『古文』
退	小篆
退	隶书
退	楷书
亾	草书
退	行书
(同楷书)	简化字

瓦 wǎ

　　《说文》："瓦,土器已烧之总名。"未烧的土器称"坯",已烧的为"瓦"。也指"屋瓦"。《庄子》："不怨飘瓦。"又指"用泥土烧制成的纺锤"。《诗经》："乃生女子,……载弄之瓦。"不会误为送她瓦片。

（缺）

自
自
瓦
瓦
瓦
瓦

（同楷书）

甲骨文

瓦当文

小篆

隶书

楷书

草书

行书

简化字

365

外 wài

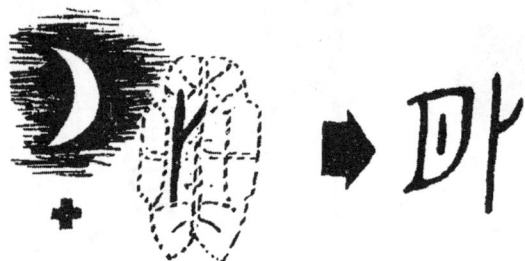

　　"外"字由"夕"（古文"夕"、"月"是同一个字）和"卜"构成。占卜活动一般在白天举行；如果在晚上占卜，那就是"例外"或"外加"的情况了。由此引申为"疏远"、"背离"、"排斥"、"外表"等义。

甲骨文	（缺）
金文	外
小篆	外
隶书	外
楷书	外
草书	外
行书	外
简化字	（同楷书）

366

微 wēi

字原作"散",像一个人用梳子在梳理长发的样子。头发是很细微又很美妙的,所以本义是"妙也"(《说文》)。也可以看作是"媺"(同"美")的初文。后加"彳",常用以指"微小"义,如《诗经》"遵彼微行","微行"即小径。

甲骨文
金文
小篆
隶书
楷书
草书
行书
简化字

(同楷书)

367

威 wēi

一个弱小的女人面对着一把巨大的兵器（"戌"。参见《汉字演变500例》"戌"字条），受到了严重的威慑。"威"的本义为"震慑"。《易经》："以威天下。"引申为"威力"、"权势"。《史记》："威加海内兮归故乡。"

（缺）

（同楷书）

甲骨文

金文

小篆

隶书

楷书

草书

行书

简化字

危 wēi

在马车发生危险之际，一个人猛地抓住了车辄，让它停住。其实，小篆"危"字就是由"人"和"厄"（参看"厄"字条）构成的。《左传》："小国忘守则危。"本义是"危险"、"不安全"。

（缺）

甲骨文

战国文字

小篆

隶书

楷书

草书

行书

简化字

（同楷书）

369

委 wěi

〔附〕萎 wěi

一个女人跪在一株枯萎卷曲的禾秆旁边,这是有象征意义的:女人委曲地顺从了别人。《说文》:"委,委随也。"引申为"隶属"、"托付"、"丢弃"、"推卸"等义。又通"萎"。《释名》:"委,萎也。"

（同楷书）

甲骨文	
金文	
小篆	
隶书	
楷书	
草书	
行书	
简化字	

370

胃 wèi

〔附〕谓（謂）wèi

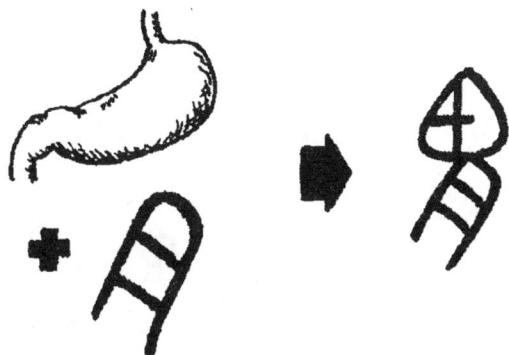

字的上部是胃的形状，金文的胃上端多呈尖形；小篆的胃中的小点则代表食物；字的下部是"月"，即"肉"，表示这是肉体器官。通"谓"。马王堆汉墓帛书《老子甲本》："异名同胃。"

甲骨文

（缺）

（同楷书）

甲骨文

金文

小篆

隶书

楷书

草书

行书

简化字

卧 wò

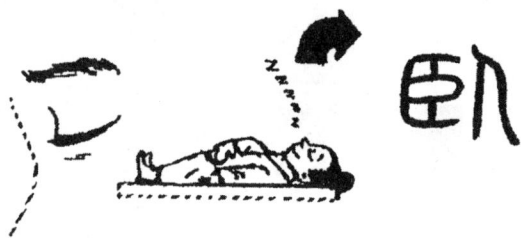

人们是醒着还是睡着,眼睛的变化是最突出的,所以"卧"字用"臣"(就是目形)和"卜"("人"的变形)来表示。"卧"的本义是"睡眠"或"闭目休息"。《孟子》:"隐几而卧。"《荀子》:"心卧则梦。"

(缺)

（同楷书）

乌（烏）wū

〔附〕於 yú，yū，wū

本义是"乌鸦"。"乌"与"鸟"不同之处，只在于"鸟"有眼睛，而"乌"没有"点睛"而已（不过金文个别有"点"的）。这是因为乌鸦一身黑，看不见它的眼睛。引申为"黑色"。古文通"於"。

（缺）

| 甲骨文 |
| 金文 |
| 小篆 |
| 隶书 |
| 楷书 |
| 草书 |
| 行书 |
| 简化字 |

兮 XĪ

字的下部是"丂"（"柯"本字,斧柄）,表声,上部是两竖画,表示声音的升扬。古籍常用作语气词,用于韵文,相当于"啊"。如《诗经》:"巧笑倩兮,美目盼兮。"（参见"乎"字条）

（同楷书）

悉 xī

字的上部是野兽的足迹（"釆"，参见"番"字条）；下部是"心"。表示心里很清楚当前的情况。本义是"详尽也"（《说文》）。如"知悉"、"洞悉"、"获悉"等。又有"尽"、"全都"义。

（缺）

甲骨文

战国文字

小篆

隶书

楷书

草书

行书

简化字

（同楷书）

息 xī

+

→

《说文》:"息,喘也。从心,从自;自亦声。"段玉裁注:"自者,鼻也。心气必从鼻出,故从心、自。"本义是"气息"。《庄子》:"生物之以息相吹也。"引申为"叹气"、"休息"等。

甲骨文	（缺）
金文	
小篆	
隶书	
楷书	
草书	
行书	
简化字	（同楷书）

席（蓆）xí

本义是"席子"。较早的字形像一张席子，上有编织的纹路。《孟子》："捆屦织席以为食。"后引申为"席位"、"职务"、"酒席"等义。异体字"蓆"现合并为"席"。

（同楷书）

377

徙 xǐ

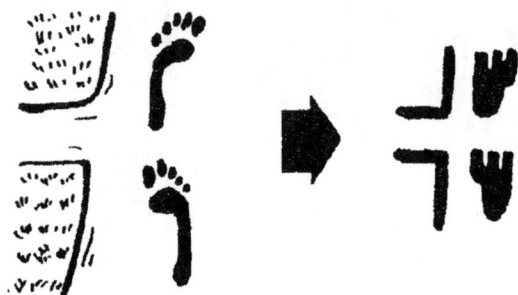

本义是"迁移"。金文的字形像一双脚(参见《汉字演变 500 例》"步"字条)沿着小路("彳","行"的省简。参见《汉字演变 500 例》"行"字条)往前走的样子。《周礼》："徙于国中及郊。"引申为"调职"、"流放"等义。

金文
小篆
隶书
楷书
草书
行书
简化字

(同楷书)

378

夏 xià

本义是"中国之人也"(《说文》)，即中原地区的古部族名。现在中国人还自称为"华夏"。金文的字形像一个头部(参见《汉字演变 500 例》"页"字条)和手脚俱全的人。夏天的"夏"是同音假借。

（同楷书）

甲骨文

金文

小篆

隶书

楷书

草书

行书

简化字

鲜（鮮）xiān，xiǎn

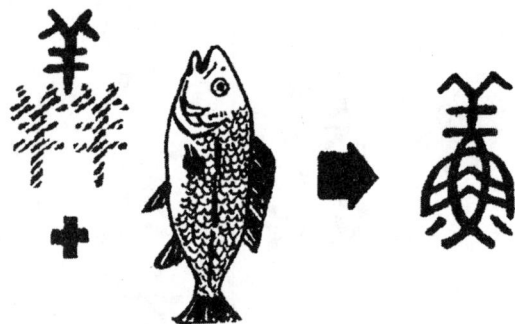

《说文》："鲜，鱼名，出貉国。鱻
省声。"就是说，"羊"旁只是"鱻"
(shān，见"膻"字条)的省略，表声。
后来泛指"活鱼"。引申为"新鲜"、
"美味"、"善"、"鲜明"等义。又有
"少"义，读 xiǎn。

（缺）

涎 xián

原作"次"(不是"次"字)。字形像一个人张着嘴巴(参见《汉字演变500例》"欠"字条),流出长长的口水的样子。《说文》:"次,慕欲口液也。"(又参见"羡"、"盗"字条)。现代汉语有成语"垂涎三尺"。

甲骨文
金文
小篆
隶书
楷书
草书
行书
简化字

(同楷书)

闲（閑　閒）xián

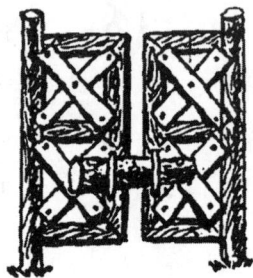 

本义是"木栏"。《说文》："闲，阑也。从门中有木。"引申为"马厩"。《周礼》："天子十有二闲，马六种；邦国六闲，马四种。"后"閑"、"閒"曾混用。简化字将它们统一为"闲"。

382

贤（賢）xián

　　字原作"臤"。《说文》："臤，古文以为賢字。"较早的字形像顺从的眼睛(参见《汉字演变 500 例》"臣"字条)加能干的手，这被认为是"好"奴仆。本义是"好"、"善"。又有"劳累"义。后加"贝"旁，表"多财"。

显（顯）xiǎn

一个人在太阳下视丝，丝极细，在阳光下才能看清楚。本义是"明显"。《诗经》："无曰不显。"《尚书》："天有显道。"引申为"显扬"等义。《孝经》："以显父母。"

384

限 xiàn

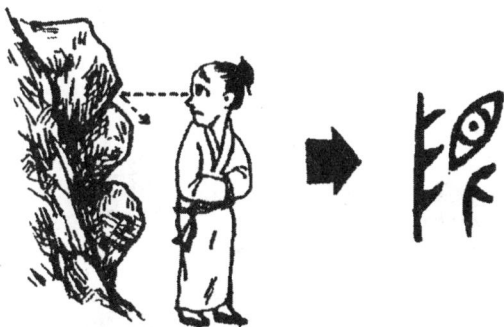

  一个人想回头远望,但是土山挡住了他的视线。《说文》:"限,阻也。"本义是"阻隔"。《韩非子》:"足以为限。"引申为"限制"、"限度"、"界限"、"止境"以及"门槛"等义。

(缺)

(同楷书)

385

县（縣）xiàn

〔附〕悬（懸）xuán

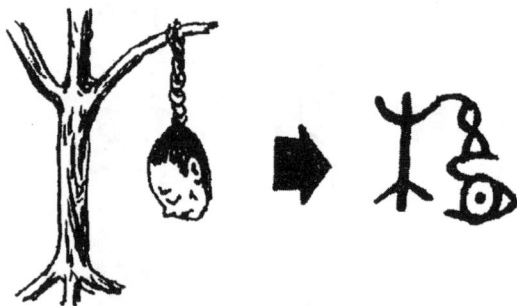

这是一幅残酷的画面：一颗人头被用绳子悬挂在树上。"县"就是"悬"的本字，意思是"悬挂"。《诗经》："不狩不猎，胡瞻尔庭有县貆兮？"后来"县"多用作行政单位名称。

386

宪（憲）xiàn

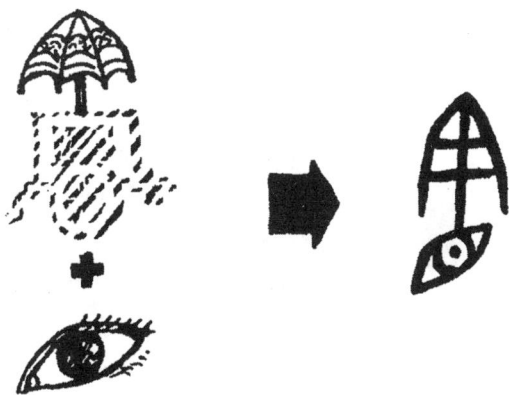

"幰"（今音 xiǎn）本字。意思是"车的帷幔"，用于遮阳御热。金文"憲"字多不从"心"，而是由一个伞形物和一只眼睛(代表面部)构成。在古籍中"憲"义为"敏也"(《说文》)。后多用于"法令"、"典范"等义。

387

羨 xiàn

字的上部是"羊";下部是"次"（参见"涎"字条），即一个人在流口水。合起来就是对羊肉垂涎的意思。本义是"喜爱"或"贪慕得到。"《淮南子》："临河而羡鱼，不如归家织网。"异体"羡"，下部省为"次"，汉朝即有，今通行。

（缺）

（缺）

（同楷书）

甲骨文

金文

小篆

隶书

楷书

草书

行书

简化字

香 xiāng

字原由"黍"（黄米）和"甘"（甜）构成，表示这种谷物香甜好吃。《说文》："香，芳也。"本义为"气味芬芳"或"味美"。《诗经》："其香始升，上帝居歆。"《急就章》："芸蒜荠芥茱萸香。"

（同楷书）

389

祥 xiáng

古人常以"羊"为"祥"。后加"示"(祭桌)旁以表义。《说文》:"祥,福也。……一云善。"本义是"幸福"、"吉利"、"好"。《尚书》:"作善,降之百祥;作不善,降之百殃。"

甲骨文	
金文	
小篆	
隶书	
楷书	
草书	
行书	
简化字	(同楷书)

枭（梟）xiāo

〔附〕鸮（鴞）xiāo

（缺）

甲骨文

金文

小篆

隶书

楷书

草书

行书

简化字

　　"枭"是鸱鸮科各种鸟的泛称。也作"鸮"，俗称"猫头鹰"。这类鸟常被认为是"不孝鸟"（《说文》）和"恶鸟"。所以"枭雄"指强横而有野心的人；"枭首"指斩首后悬于树上示众。

391

嚣（嚻）xiāo

　　本义是"喧哗"。字的中间是"页"，即人的头部（参见《汉字演变500例》"页"字条）；旁边有四个"口"，强调声音吵杂。柳宗元《捕蛇者说》："悍吏之来吾乡，叫嚣乎东西，隳突于南北。"

协（協）xié

〔附〕叶 xié

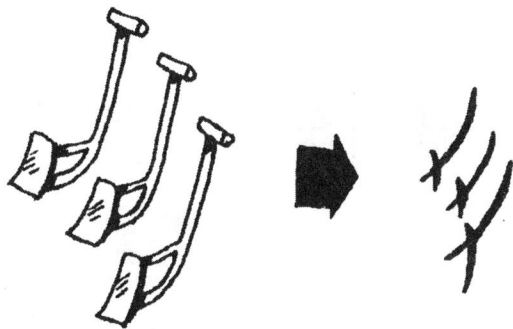

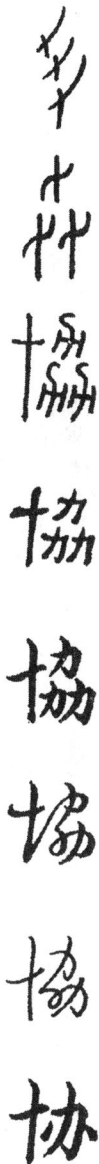

字本作"劦"。甲骨文的字形是三个"力",表示人们用许多耒在一起劳动。后来作"协"或"協",又作"叶"。本义是"共同"。引申为"和谐"、"相合"等义。简化字以"叶"代"葉",但用于"叶韵"时仍读 xié。

甲骨文 古玺文 小篆 隶书 楷书 草书 行书 简化字

写（寫）xiě

《说文》："写，置物也。从宀，舄声。"本义是"把东西放在屋里"或"放置"。《礼记》："器之溉者不写，其馀皆写"。后多用于"书写"义。"舄"（xì），鹊，也指加木底的鞋，这里只是声符。

甲骨文	石鼓文	小篆	隶书	楷书	草书	行书	简化字
（缺）							

燮 xiè

    一只手拿着兽腿之类的食物在几堆火上烧烤，当然烤得熟透和美味。后来食物形讹变为"言"或"辛"，于是分为二字。《说文》："燮，和也。""爕，大熟也。"其实是同一个字的异体。

（同楷书）

信 xìn

〔附〕伸 shēn

《说文》："信，诚也。从人；从言，会意。"金文有"从人，从口"的。本义是"诚实"。《诗经》："信誓旦旦。"《礼记》："讲信修睦。"引申为"相信"、"信任"、"信仰"、"证实"、"消息"、"信函"等义。又通"伸"。

（缺）

（同楷书）

| 甲骨文 |
| 金文 |
| 小篆 |
| 隶书 |
| 楷书 |
| 草书 |
| 行书 |
| 简化字 |

囟 xìn

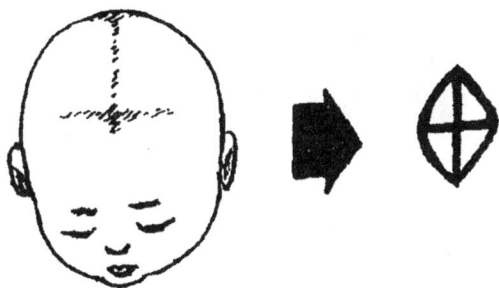

本义是"囟门"。在头顶前方正中部位,婴儿头顶骨未合缝的地方。《说文》:"囟,头会脑盖也。象形。""思"的上部原来也从"囟"。

甲骨文

金文

小篆

隶书

楷书

草书

行书

简化字

（缺）

（同楷书）

刑 xíng

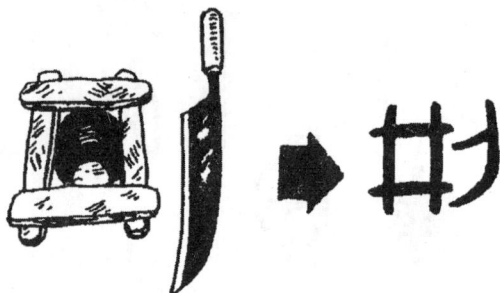

　　原从"刀"、从"井";"井"也表声。古时官府为了维护取水的百姓的秩序,避免纷争,派人持刀在井边守卫。"刑"的本义"惩治"。引申为"法律"。《论语》:"道之以政,齐之以刑。"

（缺）

（同楷书）

甲骨文

金文

小篆

隶书

楷书

草书

行书

简化字

幸 xìng

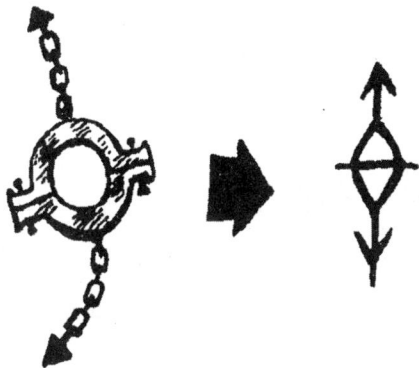

　　"幸"字混同了两个本来音义不同的字："幸"(niè)和"夅"(xìng)。前者义为"手梏"；后者义为"吉而免凶"。后来，前者写做"鑷"(niè)；后者专用作"幸运"、"幸福"的"幸"(xìng)。

甲骨文
金文
小篆
隶书
楷书
草书
行书
简化字

（同楷书）

凶（兇）xiōng

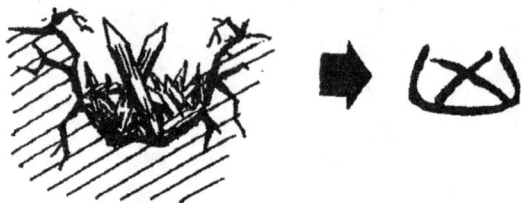

　　地面裂陷，大坑里充满了木桩和荆棘，这是十分险恶的状况。"凶"字的本义是"不吉利"或"灾祸"。《诗经》："我生之后，逢此百凶。"引申为"凶恶"、"残暴"、"恶人"等义。异体字作"兇"，现合并为"凶"。

（缺）	甲骨文
凶	战国文字
凶 凶	小篆
凶 凶 凶	隶书
凶 凶	楷书
凶	草书
（同楷书）	行书
	简化字

秀 xiù

本义是"谷类抽穗开花"或"草类结实"。《诗经》:"实发实秀,实坚实好。"《论语》:"苗而不秀者有矣夫,秀而不实者有矣夫!"引申为"花"、"茂盛"、"优秀"、"俊美"等义。

（同楷书）

须（須 鬚）xū

　　"须"是"鬚"的本字。甲骨文的字形是一个人的嘴下面有几根毛的样子。金文"须"字的上方是头形。小篆以后头部变成"頁"。《说文》："须，面毛也。"《荀子》："须眉交白。"

金文

小篆

隶书

楷书

草书

行书

简化字

虚 xū

〔附〕墟 xū

（缺）

（同楷书）

由"虍"（虎头。表声）、"丘"（表义）构成。《说文》："虚，大丘也。"即"大土山"。《诗经》："升彼虚矣，以望楚矣。"通"墟"，废墟。引申为"空虚"、"不足"、"缺损"、"虚假"、"胆怯"等义。

甲骨文

金文

小篆

隶书

楷书

草书

行书

简化字

403

玄 xuán

〔附〕弦 xián

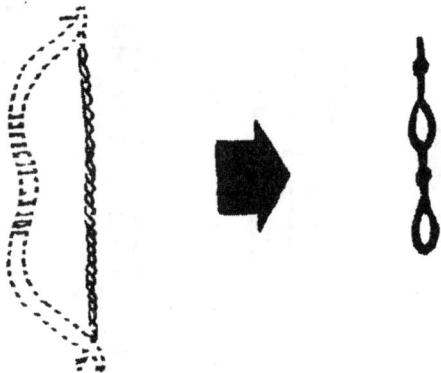

　　"玄"是"弦"的本字。金文及《说文》所引"古文"都像是一根皮条编成的弓弦。因其颜色,古籍常用作"赤黑色"义。《诗经》:"载玄载黄,我朱孔阳。"又有"深远"、"神妙"义。

（缺）

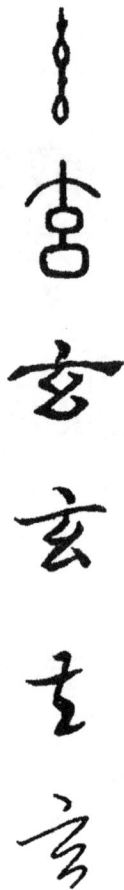

（同楷书）

穴 xué

本义是"岩洞"。《说文》:"穴,土室也。"《广韵》:"穴,窟也。"《易经》:"上古穴居而野处。"甲骨文、金文未发现"穴"字,但可以从"穴"旁的字中见到它们的字形。

(同楷书)

学（學）xué

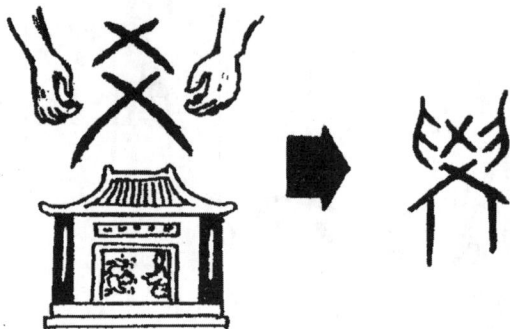

本义是"学校"。《孟子》："夏曰校,殷曰序,周曰庠;学则三代共之。"甲骨文"学"字是一所房屋,上有"爻"(表声);有的字体有双手,表示合力兴学。金文开始在屋内加"子",表示培养学子。

熏（薰 燻）xūn

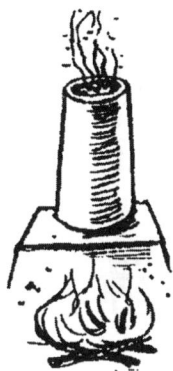

金文的字形像火熏黑烟囱的样子："丰"形表示烟向上冒；"田"形表示烟囱受到烧熏；下边是"火"。《诗经》："穹窒熏鼠。"异体字"薰"（又香草名）、"燻"，现合并为"熏"。

甲骨文（缺）

金文

小篆

隶书

楷书

草书（同楷书）

行书

简化字

牙 yá

〔附〕芽 yá

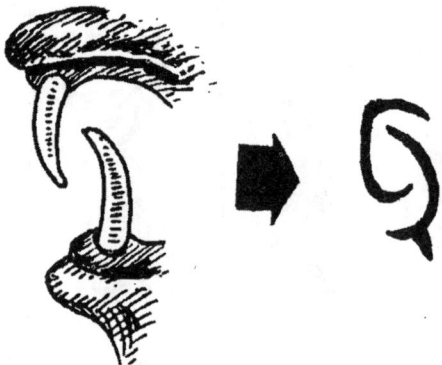

甲骨文未见。金文"牙"字像上下交错的两枚兽牙的样子。本义是"牙齿"。特指"象牙"。如《新唐书》："有横笛二，……以牙为之。"古书又用作草木萌芽的"芽"。

（缺）

（同楷书）

焉 yān

（缺）

（同楷书）

　　字形像一只长尾鸟，"正"字形是由头部羽毛变成。《说文》："焉，焉鸟，黄色，出于江淮。象形。"段玉裁注："今未审何鸟也。自借为助词而本义废矣。"《禽经》："黄凤谓之焉。"

409

延 yán

本义是"行走"。原从"彳"、从"止"。后来演变并分化为"延"(chān，缓步行)和"延"(yán，长行)二字。"延"又引申为"长久"、"拖延"、"接待"等义。早在甲骨卜辞中已有"长"义，如"延多雨"。

（同楷书）

岩（巖）yán

甲骨文的字形像山上有几块岩石（"口"）。《说文》："嵒，山巖［岩］也。"本义是"岩石突起而形成的山峰"。也指"高峻的山"。鲍照《登庐山诗》："千巖［岩］盛阻积。"异体作"岩"。简化字以"岩"代"巖"。

甲骨文

（缺）
金文

小篆

隶书

楷书

草书

行书

简化字

411

衍 yǎn

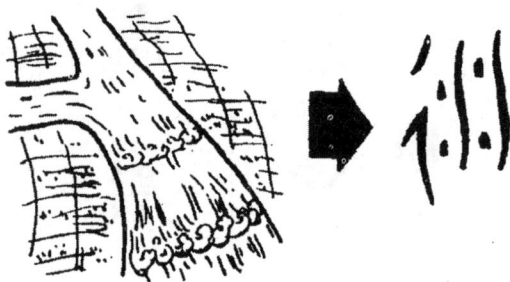

字由"水"、"行"构成,本义是"潮盛的样子"。《说文》:"衍,水朝宗于海貌。"段玉裁注:"海潮之来,旁推曲畅,两厓渚涘之 间,不辨牛马,故曰衍。"引申为"丰饶"、"多馀"、"扩展"、"推演"等义。

| 甲骨文 |
| 金文 |
| 小篆 |
| 隶书 |
| 楷书 |
| 草书 |
| 行书 |
| 简化字 |

（同楷书）

412

厌（厭）yàn

〔附〕餍（饜）yàn

"厌"是"餍"的本字。本义是"吃饱"、"满足"。字形原作"猒"，由"犬"、"口"、"月"（即"肉"）组成，意思是狗的嘴里衔着一大块肉，已经饱足。《左传》："姜氏何厌之有?"引申为"厌恶"等义。

（缺）

甲骨文

猒

金文

厭

小篆

厭

隶书

厭

楷书

厭

草书

厭

行书

厌

简化字

燕 yàn，yān

〔附〕宴 yàn

甲骨文的字形像一只飞燕，剪刀似的尾巴是它的特征。《诗经》："燕燕于飞，差池其羽。"用于"安闲"、"宴饮"等义时通"宴"。用于专名时读yān，古国名"燕"本作"匽"或"郾"。

甲骨文
金文
小篆
隶书
楷书
草书
行书
简化字

（同楷书）

雁（鴈）yàn

〔附〕赝（贗）yàn

　　"雁"和"鴈"原有别：前者是"鸿雁"，后者是"鹅"；但常被混用，现合并为"雁"。"厂"原是山崖，表声；一竖原是异体，后讹变为"人"。又通"赝"，意思是"伪造的，假的"。《韩非子》："齐人曰雁，鲁人曰真。"

甲骨文	（缺）
金文	
小篆	鴈
隶书	瘫
楷书	雁
草书	雁
行书	雁
简化字	（同楷书）

彦 yàn

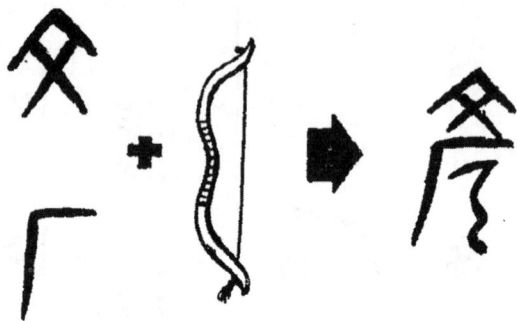

义为"贤士",即才德出众的人。字原由"文"（表义，代表文才）、"弓"（表义，代表武略）和"厂"（hǎn，义为山崖，表声）构成。后来"弓"变成了"彡"。《诗经》："邦之彦兮。"

（缺）

甲骨文

金文

小篆

隶书

楷书

草书

行书

简化字

（同楷书）

仰 yǎng

　　"仰"字原作"卬",一边是一个傲立的人,另一边是一个跪在其旁仰首有所盼望的人。《说文》:"卬,望欲有所庶及也。""仰,举也。"意思都是"抬头仰望"。引申为"敬慕"、"依赖"等义。马王堆汉墓医书《阴阳十一脉灸经》甲本:"……不可以卬。"

| 甲骨文 |
| 金文 |
| 小篆 |
| 隶书 |
| 楷书 |
| 草书 |
| 行书 |
| 简化字 |

（同楷书）

417

爻 yáo

"爻"是《易经》中组成卦的符号。古文字形像几根卜卦用的竹签交错放置的样子。按,《易经》所记述的"爻"有两种:"一"是阳爻,"--"是阴爻;每三爻合成一卦,可得八卦;两卦相重(即六爻)可变成六十四卦。

甲骨文

甲骨文

金文

小篆

隶书

楷书

草书

行书

简化字

(同楷书)

418

杳 yǎo

会意字。太阳落到了树木的根部,表示天已经昏黑了。"杳"字的本义是"幽暗"。《楚辞·涉江》:"深林杳以冥冥兮,乃猨狖之所居。"引申为"见不到踪影"。现仍有"杳无音信"、"杳如黄鹤"等成语。

（同楷书）

419

夜 yè

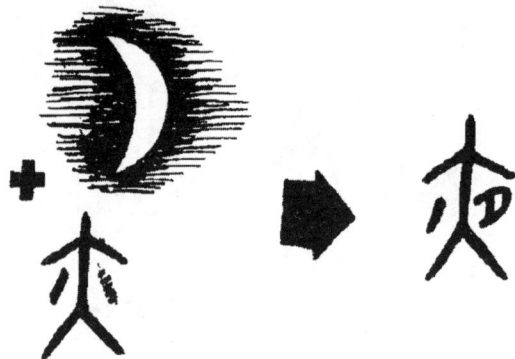

字由"夕"（古文同"月"）和"亦"（表声，但是字形有所省简）构成。本义是"夜晚"。《春秋》："夏四月辛卯夜，恒星不见。"也指"黄昏"。《诗经》："岂不夙夜，谓行多露。"

甲骨文	（缺）
金文	爽
小篆	爽
隶书	辺
楷书	夜
草书	牧
行书	夜
简化字	（同楷书）

420

业（業）yè

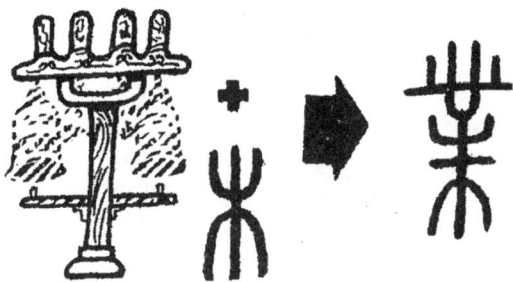

　　原指古代乐器架子的横板，刻成锯齿状，用以悬挂钟、磬等。《诗经》："设业设虡，崇牙树羽。"后也指筑墙板和书册的夹板。引申为"学业"、"业务"、"职业"、"产业"、"基业"等义。

甲骨文	（缺）
金文	𣓌
小篆	業
隶书	業
楷书	業
草书	業
行书	業
简化字	业

叶（葉）yè

    "葉"现简化为"叶"（"叶"又同"协"，音 xié，如"叶韵"）。"葉"字的初文作"枼"；后再加"艸"作"葉"。《诗经》："其葉[叶]青青。"引申为"书页"（如"册葉"[叶]）、"像叶子的东西"（如"肺葉[叶]"）等。

	甲骨文
（缺）	金文
	小篆
	隶书
	楷书
	草书
	行书
	简化字

依 yī

《说文》："依，倚也。从人，衣声。"本义是"依傍"或"靠着"。《孙子》："凡处军相敌，绝山依谷。"引申为"遵循"、"按照"。《离骚》："愿依彭咸之遗则。"又有"顺从"、"仍旧"等义。

（缺）

（同楷书）

以 yǐ

〔附〕目 yǐ 已 yǐ

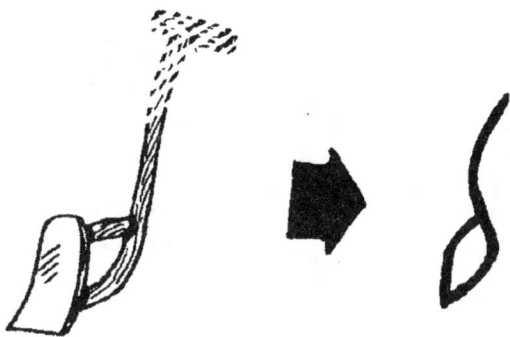

"以"又作"目"。是"耜"(sì)的初文。"耜"是古代农具"耒"下端铲土的部分。由使用农具而训"用"、"使用"。《论语》："不使大臣怨乎不以。"《九章》："忠不必用兮，贤不必以。"后来多用作虚词。又通"已"。

| 甲骨文 |
| 金文 |
| 小篆 |
| 隶书 |
| 楷书 |
| 草书 |
| 行书 |
| 简化字 |

（同楷书）

弋 yì

本义为"木桩"。字形像一段开叉的树干，上面还钉着横木，可以拴住牲畜和悬挂物品。《尔雅》："鸡栖于弋为榤。"后来也指带着绳子的短箭，如"矰弋"。

（同楷书）

意 yì

〔附〕忆(憶)yì

+

《说文》:"意,志也。从心察言而知其意也。"字由"心"、"音"(古文同"言")构成。所谓"言为心声",言语往往表达了心里的想法。《易经》:"书不尽言,言不尽意。"又通"忆"(憶),记忆。

(缺)	甲骨文
(缺)	金文
	小篆
	隶书
	楷书
	草书
	行书
(同楷书)	简化字

逸 yì

本义是"逃跑"。由于兔子善跑，所以用"兔"和"彳"、"止"（后合成"辶"，表示足的动作）构字表义。《韩非子》："兔逸出于窦中。"引申为"奔跑"、"丢失"、"隐居、闲适"、"放纵"等义。

（缺）

甲骨文

金文

小篆

隶书

楷书

草书

行书

简化字

（同楷书）

肄 yì

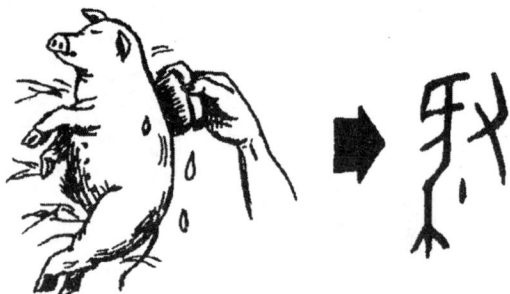

本义是"劳也"(《玉篇》)。古文的字形像用手(有的还持"巾")刷洗家畜状。《左传》："若为三师以肄焉,一师至,彼必皆出。"又有"学习"义。《左传》："臣以为肄业及之。"

甲骨文

金文

小篆

隶书

楷书

草书

行书

简化字

(同楷书)

役 yì

一只手拿着大棒，在一个人的背后驱使他干活。这就是"役"的本义："需要出劳力的事"。《周礼》："掌役校人养马。"引申为"服兵役"、"服役的人"、"仆人"、"差役"等义。

甲骨文　说文『古文』　小篆　隶书　楷书　草书　行书　简化字

（同楷书）

429

刈 yì

〔附〕乂 yì

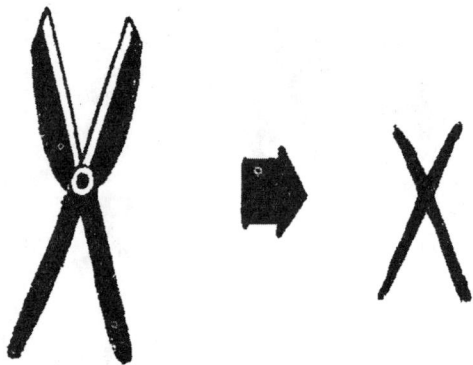

　　"刈"的本字作"乂",像一把割草的剪刀。《说文》:"乂,芟艸(草)也。"就是"割草"或"除草"。"刈"引申为"铲除"、"杀灭"等义;而"乂"却引申为"治理"、"安定"、"才德出众的人"等义。

乂	甲骨文
殘乂	金文
刈	小篆
刈	隶书
刈	楷书
刈	草书
(同楷书)	行书
	简化字

430

阴（陰）yīn

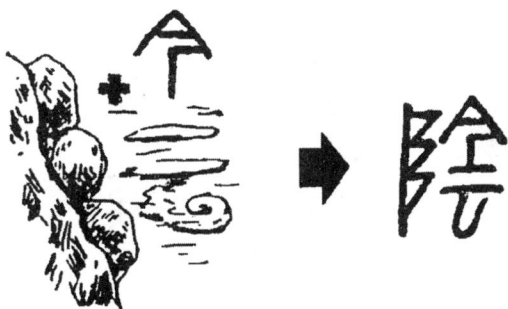

本义是"水之南，山之北也"（《说文》），故从"阜"（左"阝"）。从金文以来异体很多：声旁有作"今"的，有作"金"的，有在"今"下分别加"酉"、"云"、"虫"的……。简化字与"阳"（陽）相对，作"阴"。

甲骨文	
石鼓文	
小篆	陰
隶书	陰
楷书	陰
草书	陰
行书	陰
简化字	阴

寅 yín

〔附〕夤 yín

"寅"是"夤"的本字,本义是"深"。甲骨文早期以"矢"(箭)为"寅";晚期在字中加"口"形,表示箭穿过靶子,射得很深。金文出现双手状,以后变化更大。古籍多借为地支的第三位。

(同楷书)

引 yǐn

金文

小篆

隶书

楷书

草书

行书

简化字

（同楷书）

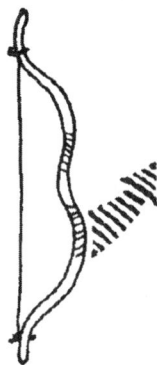

　　金文的字形是"弓"上有一个向外拉的指事符号。《说文》："引，开弓也。"小篆以后指事符号变成了一竖画。《孟子》："君子引而不发。"后引申为"延长"、"牵拉"、"引导"等义。

433

胤 yìn

本义是"子孙相承续也"(《说文》)。"月"(即"肉")表示骨肉相连的血缘关系;"幺"(意思是丝),表示连绵不断;"八"(意思是分),表示分枝繁衍。也指"后代"。《诗经》:"君子万年,永锡祚胤。"

应（應）yīng，yìng

〔附〕鹰（鷹）yīng

　　金文以"鹰"为"應"（应）。字形像山崖（"厂"）下的一只鹰。后加"心"旁以表义；"厂"讹变为"广"或"疒"。本义是"应当"。《诗经》："文王既勤止，我应受之。"作"应答"、"顺应"、"应付"等义时读 yìng。

邕 yōng

〔附〕雍 yōng 壅 yōng 饔 yōng

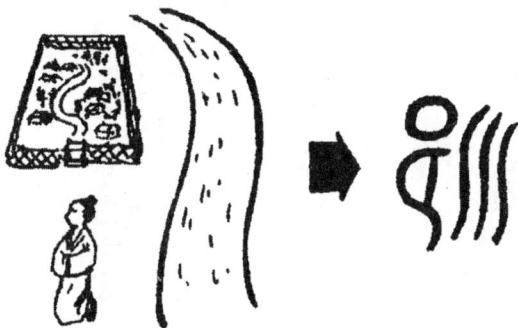

本义是"四方被水环抱的城邑"。字从"邑"（人们聚居地）、"川"（河流），会意。通"雝"（即"雍"）字，义为"和睦"。《尚书》："黎民于变时雍。"后多用于专名。又通"壅"、"饔"等。

436

攸 yōu

〔附〕悠 yōu

　　甲骨文字形像手持树杈打人；金文字形中的人背还流了血。"攸"是"悠"的本字，本义是"忧愁"。《诗经》："攸攸（现传本作"悠悠"）我思。"《左传》："漻乎攸乎！"杜预注："攸，悬危之貌。"字义后来变化很大。

（同楷书）

甲骨文	
金文	
小篆	
隶书	
楷书	
草书	
行书	
简化字	

游（遊）yóu

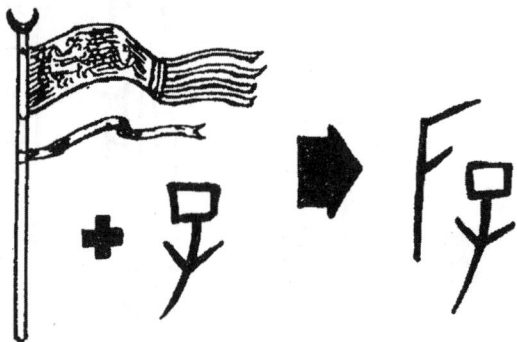

原作"斿"。本义是古代旌旗上面的飘带或下垂饰物。这些东西很窄小，所以从"子"（表"小"义）。《玉篇》："斿，旌旗之末垂者。或作游。"通遨游的"遊"。《汉书》："泛泛滇滇从高斿。"简化字把"游"、"遊"合并为"游"。

甲骨文
金文
小篆
隶书
楷书
草书
行书
简化字

（同楷书）

犹（猶）yóu

〔附〕猷 yóu

本义是"猴的一类"。从"犬"（汉字没有专为猴属立部首），"酋"声。《尔雅》："犹如麂，善登木。"同"猷"。《说文解字注》："今字分猷谋字犬在右，语助字犬在左，经典绝无此例。"

幼 yòu

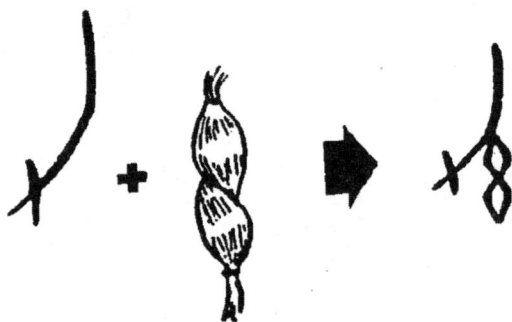

　　字由"力"（参见《汉字演变500例》"力"字条）、"幺"（同"系"，细丝）构成，表示力量微小。本义为"年少"。《礼记》："人生十年曰幼。"《说文》："幼，少也。"也指"小孩子"。《孟子》："幼吾幼，以及人之幼。"

（同楷书）

于（於）yú

〔附〕迂 yū 纡（紆）yū

"于"是"迂"、"纡"的本字，本义为"曲折"。较早的字体像在"干"字形的水道旁边，有一条曲折迂曲的线，表示行路时要绕着走。常用作介词，通"於"。简化字以"于"代"於"。

（同楷书）

441

余 yú

〔附〕馀（餘）yú

字形像原始居民在树上搭盖的住屋。从甲骨卜辞开始借为第一人称代词。《离骚》："皇览揆余初度兮，肇锡余以嘉名。"通"馀"（餘）。《周礼》："凡其余聚以待颁赐。"

（同楷书）

俞 yú

〔附〕愈 yù

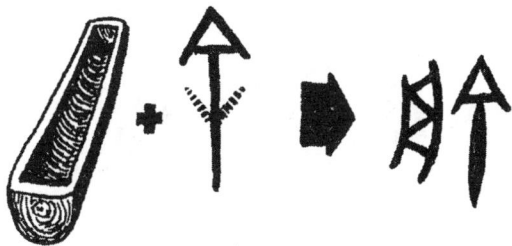

本义是"独木舟"。《说文》:"俞,空中木为舟也。"就是说刳空树木做船。但是本义早已不存,古籍常用作叹词或姓氏。字由"舟"(表义)、"余"(表声,字形有所省简)构成。又通"愈"。

（同楷书）

443

曳 yú

本义是"捆绑拖拉"。《说文》："束缚捽抴为曳。"金文的字形，中间是一个人，旁边有两只手在拖拽他。本义早已不存。古今常用的有"须曳"一词，义为"极短的时间"。

（缺）

曳

曳

曳

史

曳

（同楷书）

甲骨文

金文

小篆

隶书

楷书

草书

行书

简化字

予 yǔ, yú

本义是"给予",音 yǔ。《说文》："予,推予也。象相予之形。"段玉裁注："'予'、'與'古今字。""象以手推物付之"。又用作代词,同"我",音yú。李白《送郗昂谪巴中》:"予若洞庭叶……。"

甲骨文

三体石经

小篆

隶书

楷书

草书

行书

简化字

(同楷书)

445

与（與）yǔ,yù

〔附〕欤（歟）yú 举（舉）jǔ

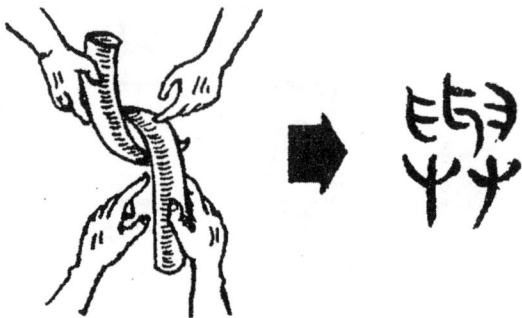

本义是"给予"。较早的字形像上下各一双手持象牙（参见"牙"字条）相交付的情况。《老子》："将欲夺之，必固与之。"引申为"交往"、"参与"、"党与"等义；并用作虚词。又通"欤"、"举"。

甲骨文	战国文字	小篆	隶书	楷书	草书	行书	简化字
（缺）	舉	舉	與	與	与	舆	与

446

禹 yǔ

〔附〕龋(齲)qǔ

一只手抓住了一条毒虫,那么这个人应该是为民除害的英雄。中国夏朝的开国君主叫"禹",他就是古代的治水英雄。一说"禹"是"虫也"(《说文》),牙齿有虫蛀就叫"龋齿"。

（缺）

（同楷书）

甲骨文

金文

小篆

隶书

楷书

草书

行书

简化字

圉 yǔ

一个囚徒被用手梏锁住,关在牢狱里。显然,"圉"字的本义是"牢狱"。《说文》:"圉,囹圄,所以拘罪人。……一曰:圉人,掌马者。"古籍也用作"掌管养马的人"义。(参见"幸"字条)。

(参见"幸"字条)

（同楷书）

甲骨文
金文
小篆
隶书
楷书
草书
行书
简化字

裕 yù

《说文》对这个字的解释是："衣物饶也。从衣，谷声。"意思是"富饶"、"充足"。金文的字形是外"衣"内"谷"；后来变成左"衣"右"谷"。《诗经》："此令兄弟，绰绰有裕。"《国语》："裕其众庶。"

（缺）

甲骨文

金文

小篆

隶书

楷书

草书

行书

简化字

（同楷书）

449

狱（獄）yù

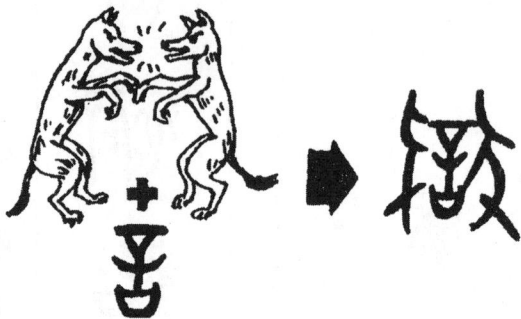

字由"犾"（yín，《说文》"两犬相啮也"）和"言"构成，比喻"争讼"。——这就是"狱"字的本义。《诗经》："何以速我狱？"引申为"案件"、"牢狱"、"罪"、"判决书"等义。

450

冤 yuān

一只善良的兔子被东西罩盖住了("冖",义为覆盖,音 mì),不能行动。本义是"屈缩"。《说文》:"冤,屈也。"《汉书》:"冤颈折翼。"引申为"冤枉"、"冤屈"、"怨恨"、"仇恨"等义。

	甲骨文
(缺)	
	金文
(缺)	
	小篆
	隶书
	楷书
	草书
	行书
(同楷书)	简化字

451

原 yuán

〔附〕源 yuán

"原"是"源"的本字，义为"水源"。字形像在山崖（"厂"）下有"泉"（参见《汉字演变 500 例》"泉"字条）。《孟子》："原泉混混，不舍昼夜。"后来引申为"根本"、"原由"、"来源"、"宽广平坦之地"等义。

（缺）

（同楷书）

甲骨文 金文 小篆 隶书 楷书 草书 行书 简化字

452

龠（籥）yuè

〔附〕钥（鑰）yuè

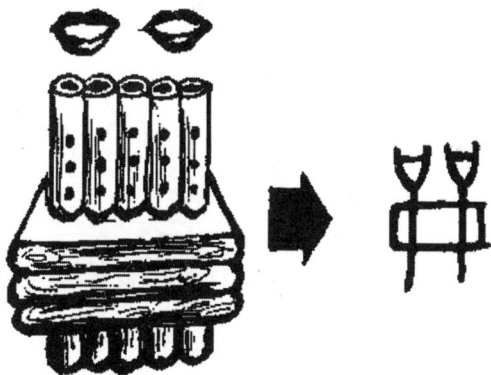

　　"龠"是一种用竹管制成的古乐器，似排笛的前身，有三孔、六孔、七孔之别，也写做"籥"。《诗经》："左手执籥。""龠"又是古量器名。又通"鑰"[钥]。睡虎地秦墓竹简："门户关龠。"

（同楷书）

453

钺（鉞 戉）yuè

甲骨文 金文 小篆 隶书 楷书 草书 行书 简化字

字原作"戉"，像一把有长柄的圆刃大斧，象形字。后来加"金"旁作"鉞"[钺]。《尚书》："王左杖黄钺。""钺"本又作"戉"。又用作星名，《汉书》："东井西曲星曰戉。"

454

勺 yún

〔附〕钧（鈞）jūn

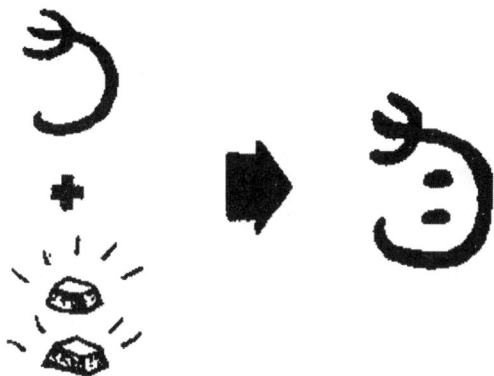

　　"勺"是"钧"的本字。本义是"古代的金属重量单位"。金文的字形，外面是"旬"（参见《汉字演变 500 例》"旬"字条），表音；中间是两块金属（参见"金"字条），表义。"勺"有"分出"、"均匀"义。

甲骨文（缺）

金文

小篆

隶书

楷书

草书

行书

简化字（同楷书）

455

允 yǔn

甲骨文 金文 小篆 隶书 楷书 草书 行书 简化字

甲骨文和金文的字形都像一个人点头表示相信的样子。本义是"信也"(《说文》)。卜辞多用于验辞,如"贞:今夕雨,至于戊戌雨? 戊戌允夕雨",相当于"果然"。引申为"允许"、"公平"义。

(同楷书)

456

孕 yùn

甲骨文"孕"字的字形很明显是妇女怀胎的样子。战国文字以后就变得不像了。《易经》:"妇孕不育。"《国语》:"鸟兽孕。"引申为"孕育"。《文心雕龙》:"拙辞或孕于巧义。"

(同楷书)

457

晕（暈）yùn, yūn

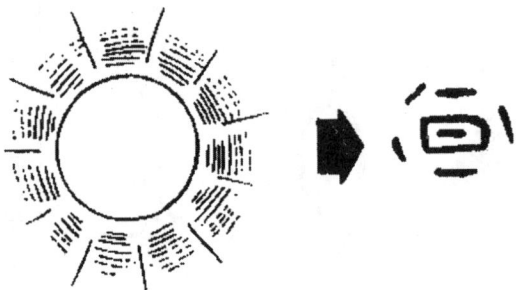

本义是"日月周围的光圈"，这是日光或月光通过云层中的冰晶时经折射而形成的。甲骨文像太阳周围有日晕。小篆出现形声字"暈"。后借为形容头晕或昏迷的症状。

（缺）

载（載）zài, zǎi

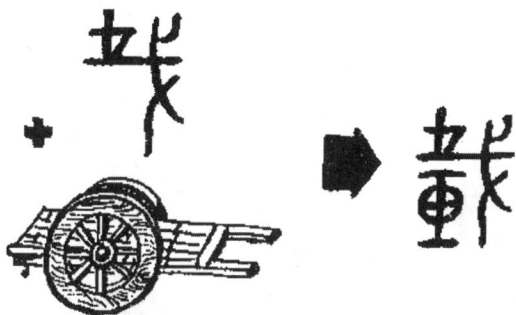

本义是"装载"。字由"车"（表义）和"𢦏"（zāi，表声）构成。《易经》："大车以载。"引申为"承受"、"担负"、"放置"等义（以上读 zài）。又作"记录"、"年岁"义，如"载入史册"、"三年五载"（以上读 zǎi）。

赞（贊 讚） zàn

字的上部"兟"（shēn）义为"进入"（参见《汉字演变 500 例》"先"字条。两个"先"，似有争先恐后的意思）；"贝"是古代的货币。合起来就是在进见大人物时以贝送礼。本义是"见也"（《说文》）。引申为"辅佐""帮助"。异体字"讚"现合并为"赞"。

（缺）

甲骨文

金文

小篆

隶书

楷书

草书

行书

简化字

葬 zàng

本义是"掩埋尸体"。甲骨文"葬"字的字形像棺材中的尸体被埋在地下,地上已长出草来。小篆则字中是"死",上下有草。《礼记》:"葬也者,藏也;藏也者,欲人之弗得见也。"

甲骨文
三体石经
小篆
隶书
楷书
草书
行书
简化字
(同楷书)

461

枣（棗）zǎo

　　枣树是一种落叶乔木,特点是树枝有直立或钩状刺。所以金文的字形呈多刺状;小篆则用两个"朿"(cì,即"刺"字)构成,更为明显。简化字下面的"朿"用"⺀"(重复符号)代替。

（缺）

蚤 zǎo

〔附〕早 zǎo

在上古时代,人们接触得最多的虫子大概就是跳蚤,所以用一只手和一只"放大"了的虫来表示"蚤"字。《说文》、《玉篇》都释为"啮人跳虫"。又,古籍常借"蚤"为"早"。

甲骨文	(缺)
战国文字	
小篆	
隶书	
楷书	
草书	
行书	
简化字	(同楷书)

463

早 zǎo

〔附〕蚤 zǎo

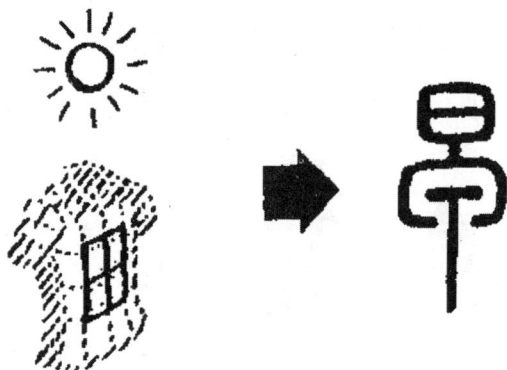

　　太阳（"日"）照到盔甲（"甲"，参见《汉字演变 500 例》"甲"字条）上面，士兵们应该早起了。《说文》："早，晨也。从日在甲上。"《左传》："盛服将朝，尚早，坐而假寐。"古籍多借"蚤"为"早"（参看"蚤"字条）。

（缺）	甲骨文
𐤟	金文
昂	小篆
早	隶书
早	楷书
孑	草书
早	行书
（同楷书）	简化字

噪 zào

　　树上有三张(代表许多)嘴巴在叫着(显然应是鸟喙而不是人嘴)。"喿"就是"噪"的本字。《说文》:"喿,群鸟鸣也。"本义是"虫鸟喧叫"。王维《酬诸公见过》:"雀噪荒村。"

甲骨文	(缺)
金文	
小篆	
隶书	
楷书	
草书	
行书	
简化字	(同楷书)

465

灶（竈）zào

〔附〕造 zào

本义是生火炊煮食物的设备，用土、砖等砌成。字原从"穴"（因灶有烧火的穴）；"黾"（今音 cù，即蟾蜍）省声（表声，但字形有所省简）。又借指厨房。金文和古籍有时通"造"。简化字作"灶"。

（缺）

| 甲骨文 |
| 金文 |
| 小篆 |
| 隶书 |
| 楷书 |
| 草书 |
| 行书 |
| 简化字 |

则（則）zé

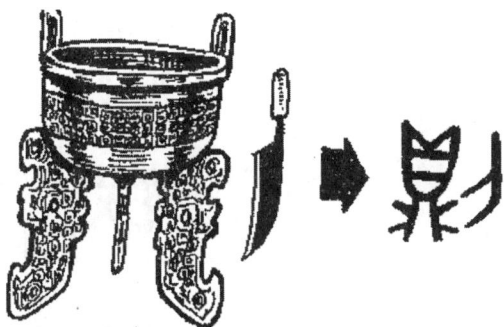

字原从"刀"、从"鼎"，意思是用刀在鼎上刻画文字，以作为后人的典则。本义是"准则"或"法典"。《尚书》："有典有则，贻厥子孙。"《诗经》："敬慎威仪，为民之则。"引申为"效法"等义；并用作虚词。

甲骨文

金文

小篆

隶书

楷书

草书

行书

简化字

467

贼（賊）zéi

　　这不是形声字，而是会意字。原由"人"、"戈"、"贝"组成，表示人持兵器把宝贵的贝（古人用作货币）捣毁。本义是"破坏"。《左传》："毁则为贼。"引申为"伤害"、"杀害"、"逆乱者"、"盗贼"等。

<table>
<tr><td>甲骨文</td><td>（缺）</td></tr>
<tr><td>金文</td><td>賊</td></tr>
<tr><td>小篆</td><td>賊</td></tr>
<tr><td>隶书</td><td>賊</td></tr>
<tr><td>楷书</td><td>賊</td></tr>
<tr><td>草书</td><td>賊</td></tr>
<tr><td>行书</td><td>賊</td></tr>
<tr><td>简化字</td><td>贼</td></tr>
</table>

曾 zēng, céng

〔附〕甑 zèng 增 zēng 层(層)céng

"曾"是"甑"(zèng)的本字。这是古代的一种蒸食物的炊器,特点是中层有一些透蒸气的小孔,有如现代的蒸笼。"曾"字后来多用作虚词,于是另造"甑"字以表本义。"曾"有时也通"增"、"层"(層)。

(同楷书)

宅 zhái

（同楷书）

《玉篇》:"宅,人之居舍曰宅。"即"住宅"。字原从"宀"(屋形),"乇"声。"乇"(今音 zhé)为"艸[草]叶也"(《说文》)。《尚书》:"今尔尚宅尔宅,畋尔田。"引申为"居住"、"居于"、"处于"等义。

470

章 zhāng

本义为"标记"。《商君书》："行间(间)之治,连以伍,辨之以章,束之以令。"金文"章"字像用刑刀("辛")在奴隶身上刻画图形标记的情况;小篆以后讹变为"音"、"十",遂不可解。

甲骨文

金文

小篆

隶书

楷书

草书

行书

简化字

（缺）

（同楷书）

471

丈 zhàng

〔附〕杖 zhàng

　　"丈"是"杖"的本字,像手拿着一根棍状的东西。隶书为什么这样变化,可参见"支"字:既然把小篆"⿹"(支)写成"支",那么小篆"⿹"(丈)就不能雷同了。十尺为"丈";又有"丈夫"等义。

甲骨文	（缺）
金文	（缺）
小篆	
隶书	丈
楷书	丈
草书	丈
行书	丈
简化字	（同楷书）

472

朝 zhāo, cháo

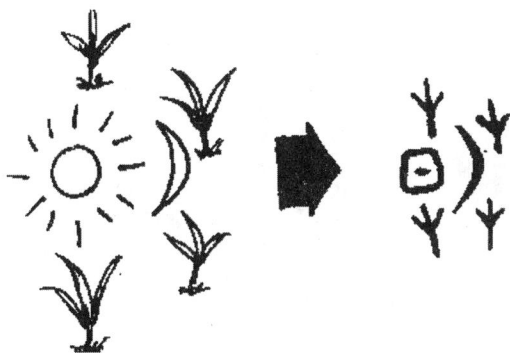

本义是"早晨",音 zhāo。甲骨文的字形像太阳从草丛中升起而残月还未消失。字的右旁变化较多：金文为水形；小篆为"舟"；隶书以后为"月"。后来引申为"朝见"、"朝廷"、"朝代"的"朝",音 cháo。

甲骨文
金文
小篆
隶书
楷书
草书
行书
简化字

（同楷书）

兆 zhào

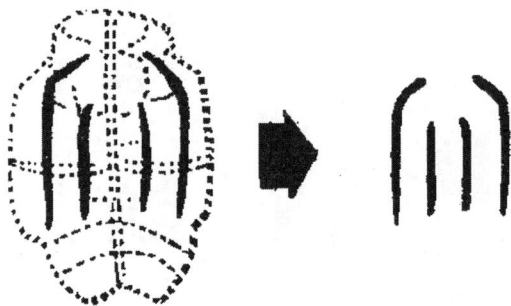

古人用火灼龟甲，视其出现的裂纹的形状以占吉凶，这些裂纹就叫做"兆"。"古文""兆"字由几条弧线组成，表示卜兆状。《礼记》："命大史衅龟筴占兆。"引申为"预兆"等。

474

照 zhào

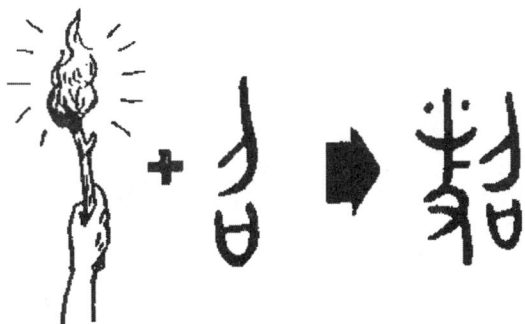

　　本义是"照耀"。金文像一只手（"又"）举着树枝，上有"火"；"召"声。小篆以后以"日"、"火"为形旁。隶书以后"火"又变为"灬"。《易经》："日月得天而能久照。"

甲骨文

金文

小篆

隶书

楷书

草书

行书

简化字

（同楷书）

肇 zhào

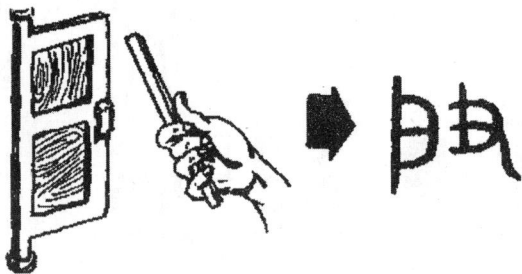

本义是"开始"。这个字历来写法甚多。甲骨文的字体像以戈破户，即开始攻城；金文有的字体像手拔门闩，表示刚刚开门；隶、楷有"肁"、"肈"、"肇"数体，现以"肇"为规范字。

甲骨文

金文

小篆

隶书

楷书

草书

行书

简化字

（同楷书）

476

哲（喆）zhé

本义是"明智"，引申为"贤明的人"。《尚书》："知人则哲。"金文多由"心"、"斦"（"折"的变体）构成。"心"表义；"折"表声。小篆以后作"哲"。隶、楷又有异体"喆"。现以"哲"为规范字。

（同楷书）

477

者 zhě

〔附〕蔗 zhè 诸(諸)zhū

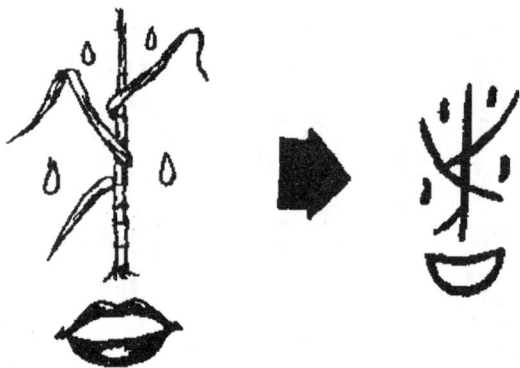

"者"是"蔗"的本字。金文"者"字的上部是一棵茎叶俱全的甘蔗的样子，几个小点表示蔗汁；下部是"口"或"甘"(甜)。后来多作用虚词。又通"诸"，如《诅楚文》："者侯"。

金文

小篆

隶书

楷书

草书

行书

(同楷书)

简化字

478

争 zhēng

〔附〕诤（諍）zhèng

上下两只手在争夺着牛角之类的东西。本义是"争夺"、"夺取"。《诗经》："时靡有争，王心载宁。"引申为"辩论"、"竞争"等义。通"诤"，义为"进谏"，如"争（诤）友"。

甲骨文	金文	小篆	隶书	楷书	草书	行书	简化字
（缺）							（同楷书）

479

支 zhī

〔附〕枝 zhī 肢 zhī

　　"支"是"枝"的本字。字形原像手持竹枝的样子。《诗经》："芄兰之支,童子佩觿。"《汉书》："支葉(叶)茂接。"引申为"分支"、"支出"、"支持"、"干支"和"四支"(后作"肢")等义。

制（製）zhì

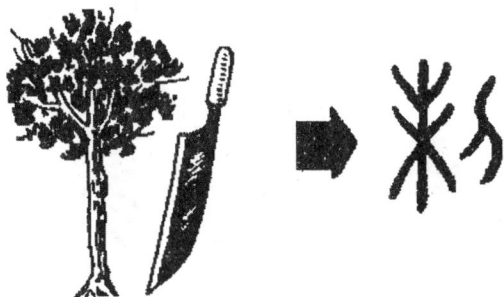

本义是"裁断"、"割断"。字原从"刀"、从"未"。"未"义为茂盛；树木长大成材即可裁割，以制用品。《韩非子》："管仲善制割。"又有"制作"、"制造"义，后写做"製"。简化字以"制"兼代"製"。

481

豸 zhì

本义是"长脊的兽类",如猫、虎之类。《说文》:"豸,兽长脊,行豸豸然,欲有所司(伺)杀也。""豺"、"貂"、"豹"、"貉"等字皆从"豸"。后也指无脚的虫,如蚯蚓之类。

(缺)

(同楷书)

482

志（誌）zhì

〔附〕识（識）zhì, shí

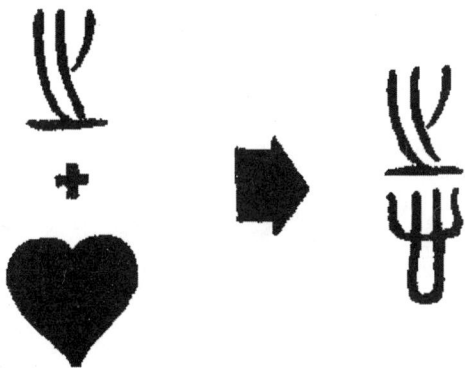

《说文》："志，意也。从心，之声。"它的声旁原是"之"，隶书之后讹变为"士"或"土"。古籍多用于"志愿"、"志向"义。《论语》："盍各言尔志？"又有"意会"、"心情"、"神志"等义。通"识"（識）。

（缺）

（同楷书）

炙 zhì

本义是"烧烤肉类"。《说文》："炙,炮肉也。从肉在火上。"《诗经》："有兔斯首,燔之炙之。"也指"烤熟的肉食"。又是中药制法之一,指把药材与液汁辅料同炒,如"蜜炙"。

（缺）

（同楷书）

甲骨文

古玺文

小篆

隶书

楷书

草书

行书

简化字

彘 zhì

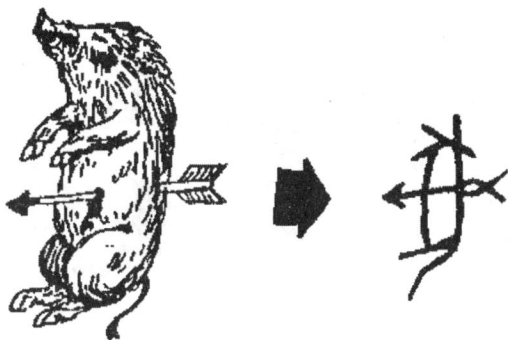

本义是"野猪"。较早的字形像一只猪被箭射中的情状，显然表示这不是家畜。后来也指"猪"。《商君书》："老弱之军，使牧牛马羊彘。"《汉书》："羊、彘千双。"

（同楷书）

485

重 zhòng, chóng

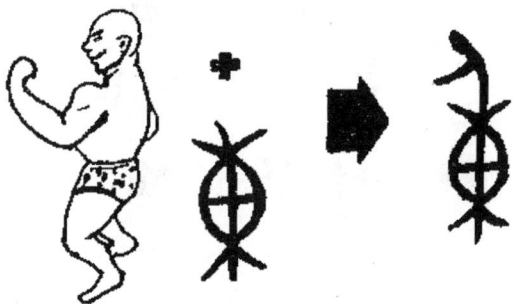

字原由"人"、"东"构成,用人的体重表义,即表示轻重的"重";"东"表声。《孟子》:"权,然后知轻重。"引申为"严重"、"厚重"、"尊重"、"增加"等义,以上读 zhòng。又,用于"重复"、"重叠"、"再"等义时读 chóng。

甲骨文
(缺)

金文	小篆	隶书	楷书	草书	行书	简化字

(同楷书)

胄 zhòu

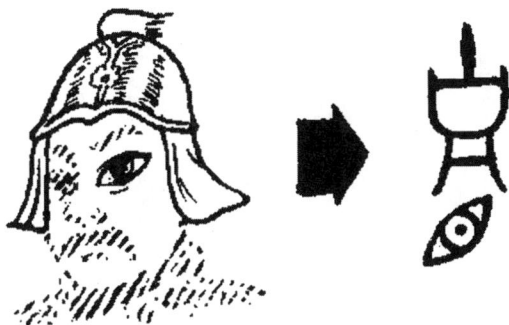

　　"胄"是古代战士保护头部的帽子,后代称为"盔"。金文"胄"字上部像盔形;下部是"目",代表头部。后来上部讹变为"由";下部讹变为"月",与"从肉,由声"、义为"帝王或贵族的后代"的"胄"混同。

（同楷书）

昼（晝）zhòu

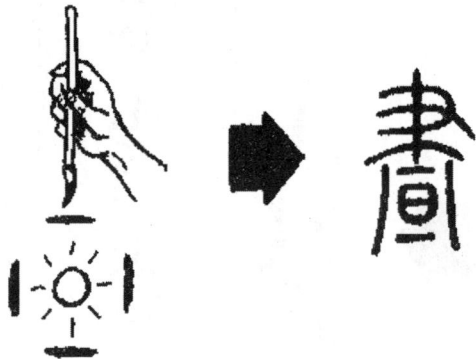

意思是"白天"。字的上部是"聿"，就是笔；下部是"日"和一些线条，表示对日出到日落的一段时间划个界限，也即昼夜之界。《易经》："刚柔者，昼夜之象也。"

蛛 zhū

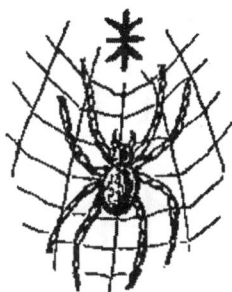 

金文作"鼀",从"黾","朱"声。小篆以"鼀"为正体,以"蛛"为"或体"。("蜘"字小篆作"蠅",金文未见)。《龙龛手镜》:"蛛,蜘蛛也。"《太玄经》:"俾蛛罔(网),罔遇螽,利虽大,不得从。"

(缺)

(同楷书)

竹 zhú

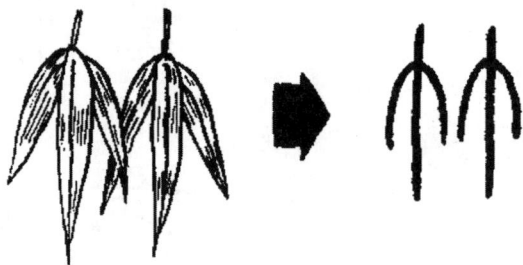

《说文》:"竹,冬生艸(草)也。象形。"字形像两株并列的竹,有下垂的叶子。也指"竹简"。《墨子》:"故书之竹帛,琢之槃盂。"古代还指箫、笛一类的竹制乐器,为"八音"之一。

（缺）

（同楷书）

主 zhǔ

〔附〕炷 zhù

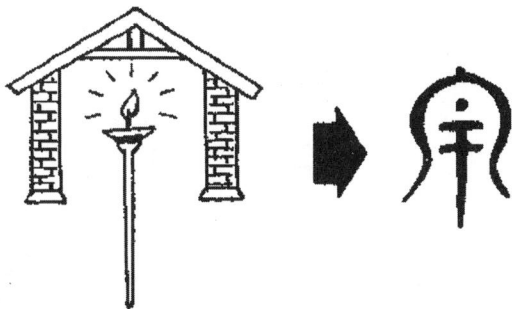

"主"为"炷"本字，意思是"灯心"。上古时火种非常宝贵，往往由一族之长保管，因此也用"主"指领袖人物。后来引申为"君主"、"主人"、"主持"等义。《诗经》："侯主侯伯。"

字体	字形
甲骨文	（缺）
三体石经	宋
小篆	坓
隶书	主
楷书	主
草书	主
行书	主
简化字	（同楷书）

491

箸 zhù

〔附〕著 zhù 着 zhuó

"箸"、"著"、"着"三个字,同出一源。古籍常可通用,现在则往往有别。"箸"以"竹"表义,以"者"(古音近"诸")表音,本义是"筷子"。"箸"的一些义项后写做"著";"著"又分化出"着"字。

(缺)

(同楷书)

| 甲骨文 |
| 金文 |
| 小篆 |
| 隶书 |
| 楷书 |
| 草书 |
| 行书 |
| 简化字 |

492

专（專）zhuān

〔附〕转（轉）zhuǎn zhuàn

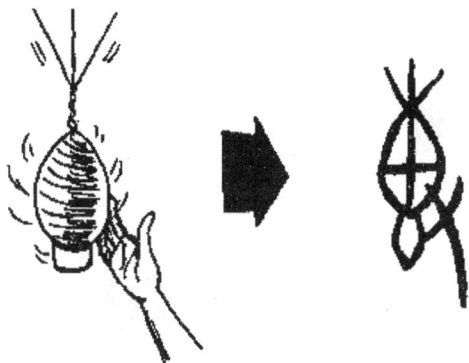

　　"专"是"转"的本字。甲骨文"专"字像一只手转动着"叀"（"纺专"，即纺锤）的形状。纺锤旋转时，就把棉絮纺成纱，或把纱纺成线。

甲骨文	金文	小篆	隶书	楷书	草书	行书	简化字

493

缀（綴）zhuì

　　原作"叕"。《说文》："叕，缀联也。象形。"《集韵》："叕，《说文》:'缀联也'。或从系。"本义是"缝补"、"缝合"。《礼记》："衣裳绽裂，纫箴请补缀。"引申为"连结"、"装饰"等义。

494

卓 zhuó

〔附〕罩 zhào 桌 zhuō

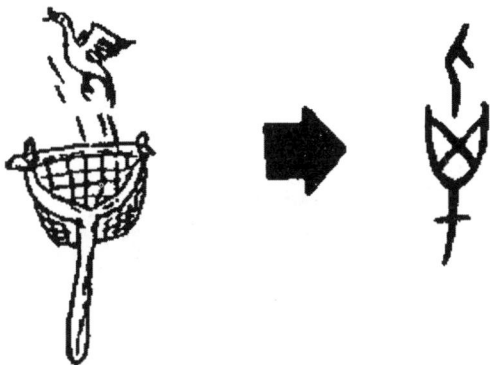

　　"卓"是"罩"的本字。甲骨文"卓"字下部是一把有长柄的网（参见《汉字演变 500 例》"禽"字条）；上部是"鸟"的简笔。本义是"以网罩鸟"。鸟常高飞，故又有"高"义。《论语》："如有所立，卓尔。"又通"桌"（"桌"为后起字）。

	甲骨文
	金文
	小篆
	隶书
	楷书
	草书
	行书
（同楷书）	简化字

字 zì

本义是"生育"。《说文》："字,乳也。从子在宀下,子亦声。"《山海经》:"……其实如兰,服之不字。"引申为"出嫁"、"怀孕"、"养育"等义。又借为"文字"、"名字"等义。

（同楷书）

496

走 zǒu

"走"和"奔"（参见"奔"字条）在金文的字形中，上部都是一个人在奔跑的样子；不同的是"走"的下部只有一只脚（"止"，即"趾"），而"奔"却有三只。所以，"走"是"跑"；而"奔"是"急跑"。

甲骨文	金文	小篆	隶书	楷书	草书	行书	简化字
（缺）							（同楷书）

497

最 zuì

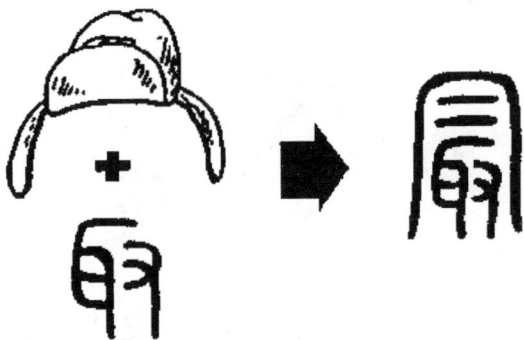

原义是"冒犯并取走"。字原由"曰"(帽子,参见"冒"字条)和"取"构成,意思是冒犯人家,把对方的帽子取走。本义早已不存,多指地位、军功或政绩居于上等者。又常用作副词。

甲骨文	（缺）
秦简文	冣
小篆	冣
隶书	冣
楷书	最
草书	冣
行书	最
简化字	（同楷书）

罪（辠）zuì

"辠"是"罪"的本字。"自"是鼻子，"辛"是刑刀，意为以刀割鼻，惩罚有罪的人。《说文》："辠，犯法也。"《玉篇》："辠，犯公法也。今作罪。""罪"由"罒"（即"网"，法网）、"非"（为非者）构成。

（缺）

辠
罪
罪
辠
罪

（同楷书）

甲骨文
金文
小篆
隶书
楷书
草书
行书
简化字

坐 zuò

〔附〕座 zuò

"坐"字像两个人对坐在土上。古人席地而坐；后来才坐在椅子或凳子上。《墨子》："孔丘与其门弟子闲坐。"引申为"留守"、"获罪"、"居住"、"坐位"（这义项也作"座"）。

（缺）

坐

坐

坐

坐

坐

坐

（同楷书）

500